Curada por um anjo

JACKY NEWCOMB

Curada por um anjo

TRADUÇÃO
GILSON CÉSAR CARDOSO DE SOUSA

Título original: Healed by an Angel
Copyright © 2011 by Jacky Newcomb
Copyright desta tradução © 2012 by Rai Editora

Originalmente publicado em 2011 pela Hay House UK Ltd.

Todos os direitos reservados. Nenhuma parte desta publicação pode ser reproduzida, arquivada em sistema de armazenamento ou transmitida em qualquer formato ou por quaisquer meios: eletrônico, mecânico, fotocópias, gravação ou qualquer outro, sem o consentimento prévio.

Coordenação editorial
Estúdio Logos

Editora
Mayara Enohata

Assistente editorial
Juliana Sayão

Tradução
Gilson César Cardoso de Sousa

Preparação de texto
Gabriela Ghetti

Revisão
Ana Cristina Garcia

Capa, projeto gráfico e diagramação
all4type.com.br

Assessoria editorial e de artes
Patricia Nascimento

Imagem de capa: Crystal Marks Photography/Getty Images

CIP-BRASIL. CATALOGAÇÃO-NA-FONTE
SINDICATO NACIONAL DOS EDITORES DE LIVROS, RJ

N446c   Newcomb, Jacky
Curada por um anjo / Jacky Newcomb ; tradução Gilson César Cardoso de Sousa. - São Paulo : Rai, 2012.

Tradução de: Healed by an angel : true stories of healing miracles

ISBN 978-85-8146-002-4

1. Anjos. 2. Anjo da guarda. I. Título.

11-8440.   CDD: 235.2
                                            CDU: 27-167.2

Direito de edição:
Rai editora
Avenida Iraí, 143 - conj. 61 - Moema - 04082-000 - São Paulo - SP
Tel: (11) 2384-5434 - www.raieditora.com.br
contato@raieditora.com.br

Sumário

Carta aos meus leitores 7

Bem-vindos à minha vida fantasmagórica 11

Um anjo salvou minha vida 27

Espíritos no local de trabalho 47

Ainda não é a sua hora 59

Estranhos misteriosos 77

Enfermeira espiritual 97

Do outro lado do espelho 115

Um ajudante inconsciente 133

Do ponto de vista de uma enfermeira 153

Vozes de anjos 161

Sobre a autora 179

Comentários 181

Carta aos meus leitores

Queridos leitores:

Esta coletânea especial de histórias é meu décimo segundo livro publicado. Cada minuto que passei pesquisando e escrevendo para vocês foi um prazer. No curso dos anos, meu fascínio por tudo que se relaciona com o paranormal (especialmente anjos e vida após a morte... Claro!) só aumentou.

Há pouco, meu marido e eu nos mudamos para a Cornualha, Inglaterra. Fazia tempo que queríamos morar aqui, e finalmente essa hora chegou. Foi um sufoco transportar todos os nossos pertences (inclusive dois gatos) para a nova residência, mas a Cornualha é um lugar mágico, e aquilo precisava ser feito. Eu me sentira atraída por este lugar como por um ímã e não poderia aconselhar meus leitores a seguir seus instintos se não fizesse o mesmo, certo?

A única parte triste foi termos de deixar boa parte da família (inclusive nossas duas filhas e depois uma neta) nas Midlands (a horas de viagem daqui...). Espero que essa experiência ajude-as a evoluir espiritualmente. Bem, como vocês podem imaginar, preparamos um quarto muito aconchegante para elas... A fim de encorajar visitas longas! Também passamos horas e horas ao telefone – e no computador. As *webcams* são o máximo!

Em nosso novo lar, não posso me queixar da vida. A casa fica numa travessa sossegada, protegida por altas cercas vivas e árvores velhas. O vizinho do lado cria passarinhos exóticos e, embora eu não saiba de quais espécies são, posso ouvi-los pipilando todas as manhãs e tardes. É um canto maravilhoso, e às vezes imagino que estou bem no meio de uma floresta tropical!

Curada por um anjo

Nossa casa se ergue no alto de uma colina, e a janela do quarto abre para uma paisagem magnífica. Não há lugar melhor para se apreciar o pôr-do-sol com suas cores realmente de tirar o fôlego. Gosto de ver os pardais voando em bandos sobre o telhado todas as tardes e cantando no topo das árvores do jardim.

Estamos a vinte minutos do mar, e uma curta escapada de carro nos dá a oportunidade de percorrer muitas praias – uma verdadeira bênção. Costumamos apanhar gravetos que chegam à costa e utilizá-los para acender a lareira! Quando o tempo abrir, sem dúvida aproveitaremos mais o que há de bom por aqui. Enquanto isso, o *spa* local nos oferece uma ótima piscina e, melhor que tudo, uma sauna! Muitas ideias inspiradoras me ocorrem quando estou lá, tranquila e descontraída... Recomendo de coração essa prática.

Temos um jardim belíssimo! Quando decido ficar em casa, olho pela janela e vejo, no gramado, milhares de florzinhas brancas, herança do inquilino anterior. Vasos de plantas ladeiam a porta de entrada e não vejo a hora de enchê-los de flores para que esse perfume possa saudar os visitantes quando chegarem e forem embora. Há ali também estátuas de jardim (de anjos, é claro) para acolher os convidados, caso estejam em dúvida se acharam ou não a casa certa. Meu marido, John, gravou numa placa de ardósia as palavras "Paraíso dos Anjos" – e é mesmo! Minha estátua favorita é a de um querubim sentado de pernas cruzadas lendo um livro. Haverá algo melhor para uma escritora do que um anjo leitor?

Meu escritório é uma verdadeira dádiva. Maior que a sala de estar de nossa antiga casa. Comprei uma grande escrivaninha, que me cerca de dois lados. Tenho muitas prateleiras de livros... Sobretudo para pesquisas, como devem imaginar! Quase tudo é decorado com imagens de anjos, incluindo relógio, descansos de copos, candelabros, travessas... Há armários cheios de belos cristais, vidros de incenso e estatuetas de anjos. Faço coleções de moedas de anjos, pedras bentas e *sprays* de óleos e essências angélicas (quase todos presentes de leitores e amigos) a fim de energizar o recinto. No alto de um armário, mantenho um arranjo sempre variável de objetos favoritos: um altarzinho para os anjos. Este ano os leitores me mandaram livros, cristais, estatuetas, joias e até dois bordados, tudo com figuras de anjos. Obrigada! É uma honra receber seus presentes.

O escritório tem também um bonito armário com portas de vidro repleto de... Bem, vocês adivinharam de novo: mais anjos. Mas aqui são versões em miniatura de anjos de cristal (de pedras semipreciosas) e presentes pequenos (inclusive livrinhos de anjos), além de óleos de aromaterapia.

Lugar de destaque é conferido a fotos emolduradas, minhas e de amigos queridos que tenho encontrado ao longo de minha jornada. Há também fotos minhas com alguns leitores... Maravilhosos amigos sempre dispostos a comparecer às palestras e aos seminários que dou por todo o país (sejam todos abençoados).

Meu marido me deu de presente uma poltrona de meditação macia, ajustável e que vibra para estimular o relaxamento... Parece que não preciso de mais nada na vida! Para dizer a verdade, às vezes tenho de disputar a poltrona com meu grande gato amarelo, Tigre. Esse gato vive na ilusão de que ela lhe pertence. Minha gatinha preta costuma se esparramar em cima da caixa de entrada e saída... Os dois estão sempre por perto.

Sento-me à escrivaninha maciça a fim de pesquisar e escrever livros para vocês, queridos leitores, sem os quais não haveria livro algum. Aprecio e sempre vou apreciar suas experiências pessoais de natureza paranormal e mística. Obrigada por partilhá-las comigo. Quero aproveitar também esta oportunidade para lhes agradecer o apoio constante e as sugestões preciosas para meus livros. Sei que muitos de vocês leram tudo o que escrevi e sinto-me humildemente lisonjeada!

Agora iniciamos uma nova viagem. Desta vez, vamos nos concentrar em histórias de curas e hospitais... Experiências de terapeutas, acompanhantes e enfermeiros. Anjos aparecerão sob vários disfarces, mas esta nova coletânea de contos é só um pouquinho mágica! Como de costume, narro histórias de anjos de todos os tipos – para colocar mais encanto em suas vidas. Obrigada pela companhia.

Bênçãos angelicais,

Jacky N.

Bem-vindos à minha vida fantasmagórica

Ninguém me diga, em tom sombrio,

Que a vida é um sonho vazio!

Está morta a alma que adormece

E nem tudo é o que parece!

– Henry Wadsworth Longfellow

— Mamãe, preciso lhe contar uma coisa... — disse cautelosamente minha filha mais velha, Charlotte, de 21 anos.

— Pois conte — animei-a, curiosa. Mas então ela pareceu mudar de ideia.

— Não posso... Talvez vovô lhe conte — murmurou, insegura.

Não há nada de errado em Charlotte trocar confidências com seu avô, exceto por um detalhe: seu avô, meu pai, está morto! Acontece que, em nossa casa, os mortos se comunicam quase tanto quanto os vivos. Morrer não impede nossos parentes de dar o ar da graça de vez em quando para bater um papo! São, em nosso

Bem-vindos à minha vida fantasmagórica

entender, nossos anjos da guarda, que velam por nós e certamente observam nossa vida aqui na Terra.

Charlotte levantou-se de um pulo e correu para o outro quarto, onde temos um painel angélico, uma espécie de Tabuleiro Ouija^{MR}/tabuleiro espiritual, nosso método preferido de comunicação. Parece esquisito, mas o tabuleiro espiritual é uma ótima maneira de nos comunicarmos com o além. Tudo o que você ouve sobre experiências negativas com seu uso... Bem, eu nunca passei por isso em minha vida e venho recorrendo aos tabuleiros (de forma um tanto controvertida) há anos. As pessoas têm medo deles porque funcionam. São mesmo um instrumento de comunicação para fazermos contato com o outro lado da vida.

Sempre começo por um ritual de amor e proteção, seguido de uma prece, antes de usá-los. O seguro morreu de velho! Pousando o tabuleiro na mesa, Charlotte e eu tocamos o copo com os dedos, esperando que ele se ponha a deslizar por sobre as letras e números do painel. É assim que a coisa funciona: o copo (ou ponteiro/prancheta) se move por cima das letras e dos números formando mensagens. Dessa vez não foi diferente: o copo começou a ganhar vida e a deslizar. Olhei para Charlotte, esperando que ela dissesse alguma coisa; mas não, seus olhos estavam fixos no painel.

– Oi, vovô! Você está aí?
– Sim.
– Por favor, fale com a mamãe.

A curiosidade me dominava. Que teria acontecido de errado? O que minha filha adulta precisava me dizer de tão terrível que não conseguia dizê-lo pessoalmente? Admito: àquela altura, eu estava preocupada. Mas só me restava baixar os olhos e acompanhar o movimento do copo. Ia anotando as letras, à medida que ele se locomovia por cima delas.

O copo começou a indicar lentamente: G, que anotei no caderno ao meu lado; RA – anotei essas letras também. V... E tudo ficou absolutamente claro...

– Você está grávida? – perguntei, surpresa. Não sei bem o porquê daquela reação. Charlotte tinha 21 anos, sua própria casa e seu parceiro, com quem estava junto havia quatro anos. – Está grávida? – insisti, tentando ocultar a excitação.

– Pensei que ficaria aborrecida...

– Aborrecida? – olhei para minha filha, tão jovem, e abracei-a com força. – Estou encantada! – mas então me ocorreu: vovó aos 48 anos! Hum!

Há muito tempo usávamos o tabuleiro espiritual (ou melhor, o tabuleiro angélico, que é um pouco diferente porque vem ilustrado com anjos e o objetivo é a comunicação apenas com as esferas superiores do céu) para fazer contato com vários entes queridos que estão do outro lado. Os leitores de meus outros livros sabem tudo sobre nossas conversas com Eric (meu tio paterno) e, mais recentemente, com papai, além de muitos familiares e amigos que também se foram.

Meus entes queridos aparecem em sessões como aquela, em ponto menor, que Charlotte e eu improvisamos. Também se materializam em sonhos... Visitas reais de seus espíritos, mas quando estou dormindo. Se você nunca viveu uma experiência semelhante, saiba que essas visitas reais não se parecem em nada com os sonhos que costuma ter. Vou explicar.

Um ente querido que já se foi (parente, amigo, colega etc.) entra no sonho. Sim, é assim mesmo: você está sonhando um sonho normal e, de súbito, ele se modifica. As cenas de um filme são concatenadas para fazer sentido. Bem, é mais ou menos o que ocorre. Num minuto você está sonhando e logo uma nova cena aparece, mistura-se com as outras ou (conforme já me aconteceu) a cena antiga é posta de lado e a "visita" ocupa seu lugar! Estranhíssimo. O resultado é a comunicação com os espíritos dos mortos. Eles penetram no sonho para conversar conosco.

Bem-vindos à minha vida fantasmagórica

Visitas em sonhos

Vou explicar melhor. As almas de nossos parentes falecidos conseguem "visitar-nos" quando estamos dormindo. Por várias razões técnicas (que não entendemos realmente), eles se aproximam de nós, quase sempre, durante a fase REM de nosso sono. O espírito do morto literalmente caminha (ou voa, ou flutua) para dentro do sonho a fim de bater um papo... Mesmo estando morto.

É comum sonharmos com uma pessoa amada que faleceu; mas as visitas a que me refiro aqui são diferentes, sob vários aspectos. Você descobrirá se recebeu uma delas checando esta lista:

- Você se sente lúcido e consciente. A experiência é clara, não como a visão difusa de um sonho "normal".
- Você se lembra nitidamente da experiência depois de acordar, embora talvez não de tudo o que conversou (em algumas conversas, o morto lhe Passa informações sobre o que acontecerá em sua vida... Para tranquilizá-lo. São informações apenas para seu inconsciente). No entanto, a experiência ficará guardada em sua mente por muitos e muitos anos.
- Quando você se depara pela primeira vez com o morto no sonho, pode ficar confuso ao vê-lo "vivo". Pode até murmurar disparates assim: "Mas como?! Você não morreu?".
- O morto talvez lhe mostre então, simbolicamente, que está vivo (aparecendo numa cama de hospital, com um médico ou uma enfermeira do lado garantindo: "Veja, ele está vivo, sim" – ou sentado dentro de um caixão de defunto com a tampa aberta e falando com você!).
- O morto se aproxima em meio a uma espécie de névoa (ou luz muito clara). Pode também cruzar uma porta ou portal (ou outro símbolo parecido de passagem de um espaço a outro). Às vezes, você o vê atravessando uma ponte, por exemplo.

- Outros símbolos são os que mostram a diferença entre dois "níveis" vibracionais (entre o lugar onde estão e aquele onde estamos, na Terra): os mais comuns são degraus e escadas ou até elevadores, escadas rolantes e estacionamentos de múltiplos andares! O morto desce de lá; você sobe ou voa para encontrá-lo no meio do caminho, onde se cumprimentam.
- Não é raro o ente querido parecer mais jovem do que era quando morreu: se tinha mais de 30 anos, vai parecer mais ou menos dessa idade; se tinha menos, sua aparência refletirá os anos que se passaram desde então, para mostrar que "amadureceu" no reino espiritual.
- Embora o ente querido possa se apresentar do jeito que quiser, em geral se mostra a uma luz favorável: corte de cabelo e roupa que preferia usar na Terra ou exibindo o tipo de coisa que gostaria de ter possuído.
- O morto surge sem nenhum sinal da doença ou acidente que o vitimou.
- Ele não precisa mais de peruca, dentadura, bengala ou óculos.
- Às vezes vem acompanhado por um guia espiritual ou anjo da guarda.
- Pode trazer consigo outros parentes ou pessoas queridas (para mostrar, por exemplo, que está cuidando de filhos mais novos ou bebês que faleceram).
- Não é incomum aparecerem com bichos de estimação durante a visita (meu próprio pai veio certa vez com todos os cães que nossa família já possuiu!).

Por que eles nos visitam?

Eles nos visitam por várias razões. Aqui vão apenas algumas das mais comuns:

- Para garantir-lhe que estão felizes e seguros em sua nova dimensão (no céu).

Bem-vindos à minha vida fantasmagórica

- Para dizer-lhe que não se perderam e encontraram outros entes queridos no outro lado (receamos que eles estejam sozinhos... Mas não estão).
- Para confessar seu amor por você, especialmente se não fizeram isso em vida ou se você não estava ao seu lado para o último adeus.
- Para assegurar-lhe que outros entes queridos estão bem (sobretudo se você perdeu filhos; assim, fica sabendo que alguém cuida deles nas esferas celestes).
- Para dizer-lhe que se orgulham de você e estão a par de suas realizações na Terra (como em: "Ah, se papai soubesse que finalmente tirei a carta de motorista! Ele ficaria tão orgulhoso de mim!"; ele sabe que você tirou a carta e está feliz!).
- Para informá-lo de que comparecerão ao casamento, ao batizado, à cerimônia de entrega de prêmios etc. Na verdade, às vezes até aparecem em fotos tiradas nessas ocasiões especiais. Procure nelas formas vagas e nebulosas, orbes (círculos de luz) ou mesmo rostos que jamais esperaria ver ali. Cheguei a perceber, em algumas fotos, perfis de anjos e pontos luminosos que pareciam formar letras e números!
- Para lhe assegurar que, no fim, tudo acabará bem (durante alguma crise terrena pela qual você esteja passando). Sempre algum ente querido vai querer se manifestar para lhe dizer que as coisas nunca são tão ruins quanto parecem ou para garantir-lhe que o desfecho de sua situação atual será favorável.
- Para preveni-lo de um perigo (como fazem os anjos da guarda). A comunicação pode assumir a forma de um sonho de advertência ou de palavras reais sussurradas em seu ouvido ("pare", "vá devagar", "acorde" etc.).
- Para ajudar na cura (nesse caso, o morto se senta a seu lado no hospital ou na cena de um acidente).

Histórias que refletem esse fenômeno impressionante estão por todo o livro. Para a finalidade que tenho em mente aqui, cito anjos de todos os tipos: anjos no sentido convencional (arcanjos da Bíblia, por exemplo), guardiães espirituais (de outras dimensões ou esferas) e entes queridos que já faleceram. Como poderia deixar algum de fora? Durante a leitura, veja se há narrativas que lhe lembrem suas próprias experiências... Aposto que evocará coisas até agora ocultas no fundo de sua mente!

Definição de anjo

Na Bíblia (inclusive a Bíblia hebraica) e no Alcorão, um anjo é um mensageiro de Deus. "Anjo" vem do grego *angelos* através do latim *angelus*. Outros termos são, na linguagem bíblica, *Elohim* ("mensageiro de Deus") e *Yahweh* ("mensageiro do Senhor"). Com o tempo, a palavra passou a designar um espírito de luz que vela pela humanidade. Atualmente, empregamos o termo também para espíritos humanos bons (vivos ou mortos), como na frase: "Oh, você é um anjo!".

Portanto, um anjo pode ser alguém vivo que age de maneira angélica. Na maior parte dos casos, entretanto, ele é uma criatura envolta em misticismo, e é mais provável que o anjo, seu anjo, só apareça em sonhos ou lhe sussurre coisas quando você esteja em situações de perigo ou grande necessidade. Juntos, exploraremos histórias de vários tipos!

Voltando à mensagem de papai

Passaram-se semanas depois que Charlotte e eu consultamos o tabuleiro angélico. Então, ela quis saber o sexo de seu filho. Ainda era cedo para a ultrassonografia, mas nos perguntamos se vovô não poderia ajudar. De novo o copo deslizou sobre as letras, afirmando, desta vez: É UMA MENINA. Dois meses depois, a ultrassonografia confirmou a informação.

Bem-vindos à minha vida fantasmagórica

Mais dados sobre o meu trabalho

Mexo com as coisas mais esquisitas e maravilhosas. Passei boa parte da vida pesquisando fenômenos paranormais. Além de anjos, investigo a vida após a morte, a comunicação com o além, a existência entre vidas, as experiências de quase morte, as experiências extracorpóreas, as crianças sensitivas e a vida em outros mundos... Alienígenas! Há muita confusão entre visitas de alienígenas e visitas de anjos, e isso daria um livro!

Nunca sabemos se determinada trilha nos levará a uma nova e fascinante descoberta sobre o paranormal ou o desconhecido. De qualquer modo, ambas as coisas estão ligadas. Muitas vezes, percorrendo uma estrada espiritual, acabo dando de cara com um fenômeno de outra estrada muito diferente! A pessoa que tem uma experiência de quase morte pode ver um parente morto. E aquela que tem uma experiência extracorpórea durante um acidente ou doença pode ver seu anjo da guarda. Alguém que "sonha" estar se encontrando com um ser de outro mundo muitas vezes recebe dele a revelação de uma de suas vidas anteriores. Quando um assunto termina e quando outro começa? Para ter certeza de que eu não perdia nada, li e pesquisei tudo – quero que meus leitores saibam os mínimos detalhes daquilo que faço e fiquem certos de que, se algo merece ser conhecido, escreverei a respeito para eles!

Sou fascinada por experiências paranormais da vida real. A ciência não me interessa muito, devo confessar. Ela é útil, mas altera nossa visão da vida o tempo todo. Acreditamos numa coisa e, anos depois, a ciência descobre que estávamos errados. A crença se baseia apenas naquilo que hoje julgamos verdadeiro – portanto, manter a mente aberta é prova de bom-senso, não? Investiguemos juntos!

Vocês, leitores, são ótimos. Muitos me escrevem contando seus encontros místicos e sempre estou aprendendo coisas novas com vocês. Lendo suas cartas, percebo que não são poucos os que, se pudessem, de bom grado largariam o emprego e passariam a pesquisar esse fenômeno em tempo integral. Mas sei que não podem, e fico feliz em fazer o trabalho por vocês... E só escreverei sobre a parte boa, certo?

Depois de tomar conhecimento de milhares e milhares de experiências da vida real, comecei a notar padrões na disposição dos dados e, embora vocês possam dizer que isso é subjetivo, há histórias nas quais os próprios espíritos dão respostas às perguntas, respostas que caem em minha caixa de correio e passam dali para um livro. Na maioria das vezes, as histórias chegam até mim espontaneamente, por intermédio de meu *website*. Os leitores narram seus encontros espirituais de muito boa vontade (se você é um deles, muito obrigada).

Também recolho ocasionalmente histórias em sites de redes sociais como o Facebook e o Twitter (com autorização). Se você não é membro desses sites, por favor, junte-se a mim. Tenho vários grupos; se um estiver cheio, entre em outro – todos vocês são bem-vindos. Essa também é uma maneira fácil de fazer contato comigo diretamente. E eu sempre respondo.

Cartas de leitores (e seus maravilhosos presentes) também chegam pelo correio, encaminhados por meus editores. Vocês não podem imaginar os magníficos anjos, os cristais e os produtos espirituais que ganho. Conservo todos e os exibo em meu escritório (que, em casa, é também meu espaço de meditação). Cartas e presentes são remetidos igualmente aos cuidados de revistas para as quais escrevo. De novo, peço-lhes licença para agradecer. Guardo carinhosamente cada presente, que contribui, e muito, para energizar meu escritório.

Também leio durante horas diariamente. Meus assuntos favoritos são as experiências paranormais da vida real, conforme já disse. Os livros que devoro vêm de todas as partes do mundo (alguns são obscuras edições do autor, difíceis de encontrar) e ajudam a compor o quadro. Por favor, juntem-se a mim ou contem-me suas histórias. Vocês podem também visitar meu *website* (veja minha biografia para mais detalhes).

Logo desenvolvi o faro para essas experiências e, graças às minhas próprias (são muitas) e às que minha família me transmitiu, tornei-me, meio por acaso, uma especialista. Não se diz por aí que o melhor trabalho é aquele que você faria até de graça? Pois é o meu caso! Mesmo de férias na praia, minhas leituras são sobre fenômenos paranormais!

Digo, pois, a quem quiser ouvir que estou envolvida com todo tipo de coisa: eventos teatrais, filmagem de *shows*, seminários, noites de autógrafos, palestras etc. Sempre que possível, participo da criação de novos produtos e, para este ano, meu projeto é mais televisão. É a ela que ultimamente tenho dedicado boa parte de minha vida agitada.

A experiência angélica ao vivo

Em 2010, subi ao palco. À medida que a data do espetáculo ia se aproximando, eu me perguntave onde tinha me metido. O evento, uma miscelânea de histórias de anjos, meditações, canções, leituras e aura fotográfica, foi conduzido por mim e por vários apresentadores convidados. Detalhe frustrante, embora eu não tenha tido culpa: o espetáculo aconteceu no dia de minha mudança... E uma semana depois, minha irmã também se mudou.

Aquela noite fabulosa foi organizada pela produtora de televisão de Tony Stockwell, que se empenhou muito no trabalho. Infelizmente para mim, o estresse antes do evento foi enorme, e, em princípio, confesso, com a maior candura, que no fundo torci para que os organizadores o cancelassem (como sou má!); porém, depois fiquei encantada por isso não ter acontecido. Foi uma oportunidade fantástica para mim, e o público parece ter ficado satisfeito. Sempre desejamos que um evento desses obtenha um sucesso estrondoso, mas, quando nosso desejo se realiza, é como se entrássemos em estado de choque (pelo menos foi o que aconteceu comigo!).

Jacky Newcomb

Encerramos a noite com a canção do Abba, "I have a dream", que contém as palavras imortais "Eu acredito em anjos". Para ser franca, fiquei horrorizada ao saber que terminaríamos com uma música – não consigo emitir uma nota sequer e só concordei sob a condição de o público cantar conosco. Graças a Deus, os presentes se mostraram felizes em ajudar e até agitaram os braços com entusiasmo sem que eu precisasse estimulá-los muito – uma técnica de distração muito útil, creio eu.

Por desgraça, naquela noite o microfone captou minha voz desafinada com mais nitidez do que eu gostaria, fazendo-a soar bem alta e bem clara. Por felicidade, no entanto, o público não pareceu se importar e ninguém se queixou de minha pavorosa interpretação. Mas chega: nunca mais participarei de eventos em que precise cantar.

No fim das contas, foi um sucesso: obrigada, Tony!

Um pequeno amor fantasmagórico

Um pouco fora de minha praia, no ano passado gravei o CD "*Ghost workshop*" [Seminário de fantasma] com meu querido amigo Barrie John, da TV. Gravamos no estúdio da casa de nosso produtor, James, e tudo correu bem. Ao final do trabalho, ouvimos três golpes secos no armário da sala. Espantados, olhamos um para o outro. Aquilo acontecera realmente? Seria um fantasma de verdade?

O quarto ao lado era da filha de James, Holly, mas ela não estava lá no momento. Não havia mais ninguém na casa – e, fosse como fosse, o barulho viera de *dentro* da sala onde estávamos. Fora mesmo captado pelo microfone, de modo que precisamos gravar de novo as poucas palavras finais, que os três toques haviam abafado. Sugeri que conservássemos os ruídos no CD, com uma explicação do que acontecera, mas James observou que ninguém acreditaria naquilo. Acho que tinha razão.

Bem-vindos à minha vida fantasmagórica

Anjos dando autógrafos?

Entre minhas noites de autógrafos de 2010, uma das melhores foi a organizada pela livraria The Chepstow Bookshop. Matt, o responsável, tinha uma longa lista de pessoas que participariam desses eventos durante o ano, inclusive muitos nomes bem conhecidos da TV, de modo que me senti lisonjeada por ter sido escolhida para um encontro tão concorrido. Sempre me sinto honrada quando uma livraria me convida para falar.

A noite começou com uma palestra minha, seguida de uma sessão de perguntas e respostas, e terminou com os autógrafos. Muitos leitores haviam viajado grandes distâncias, inclusive um memorável grupo de mulheres que se autodenominou de "Os Anjos"! No dia seguinte, recebi este e-mail de agradecimento enviado por Matt: "...realmente feliz por tudo ter dado certo. Mas que susto (é a pura verdade) ao encontrar, enquanto arrumava o quarto de meu filho na manhã seguinte, uma grande pena branca!".

Sem dúvida, os anjos de Matt também tinham vindo! Bom para ele confirmar que estavam por perto. Uma pena branca é um sinal comum de sua proximidade, e os de Matt haviam deixado isso bem claro. Isso significa, espero, que ele vai me convidar de novo.

Telefonema do céu

Desde que se foi (no momento em que escrevo, faz cerca de três anos), meu pai tem sido um visitante regular do outro lado. São diversas aventuras, que continuam até hoje. Minha sobrinha Jasmine ganhou um prêmio na universidade este ano, em cerimônia a que compareceram minha irmã e seu marido. Todos queríamos ir, mas os ingressos eram limitados, e perguntei-me se papai estaria assistindo do céu. Creio que um morto não precisa comprar ingresso, e papai provou isso.

Após a cerimônia daquela noite, a família se reuniu na casa de mamãe. Minha sobrinha exibiu timidamente seu troféu – mas só depois de pressionada pelo entusiasmo dos tios e das tias! Subitamente, as luzes começaram a piscar na sala e alguém sugeriu que poderia ser o espírito de papai anunciando mais uma visita. Ele sempre faz isso quando seu nome é mencionado ou quando estamos discutindo assuntos importantes de família. Estaria agora comunicando que ouvia a nossa conversa?

Minha irmã Debbie, mãe de Jasmine, logo se dispôs a contar o que lhe acontecera no começo da noite. O piscar das luzes a lembrara. Disse:

– Meu celular tocou durante o desfile de moda e olhei a tela para ver quem estava mandando a mensagem. Desde que papai morreu, conservo seu nome e sua fotografia na lista de endereços, mas apaguei o número de seu telefone, é claro. Achei que outra pessoa ficaria com esse número...

Agora todos prestávamos atenção à história. Ela prosseguiu:

– Bem, havia um pequeno "1" ao lado da foto de papai, indicando que fora ele quem mandara a mensagem!

Os mortos nos ligam do céu? Não era a primeira vez que eu ouvia falar desse fenômeno, obviamente. Vozes murmuravam pela sala: "Impossível!", "É mesmo?". Creio que a história ficaria ainda mais dramática se eu dissesse que Debbie clicou no teclado do celular e vimos realmente uma mensagem "do outro lado" (seria ótimo, não?). Nada disso: não havia mensagem alguma na tela. E como poderia haver, se aquele número não estava programado no aparelho? Mas sua mensagem era o pequeno "1" ao lado da foto. Ele dizia: "Estou aqui... Estou ouvindo... Estou por dentro de tudo o que acontece". Brilhante como sempre, o senso de oportunidade de papai!

Mudança de casa... E o gato sensitivo

Mudar das Midlands para a Cornualha foi um desafio, para dizer o mínimo. Especialmente porque eu andava muito ocupada na

Bem-vindos à minha vida fantasmagórica

ocasião. Pouco antes da mudança, recebi a visita de Jackie Weaver, especialista em psiquismo animal. Jackie estava trabalhando num livro sobre bichos de estimação de celebridades e viera para realizar uma sessão de comunicação psíquica com meus gatos Tigre e Mágica (o livro é escrito do ponto de vista dos bichos). Como acredito em tudo, decidi levar a sério aquela experiência, que, entretanto, estava um pouco distante de meus interesses. Jackie logo provaria que é realmente boa no que faz!

Acomodando-se para "conversar" com meus gatos, ela logo começou a investigar suas personalidades. Captou os medos e as preferências de cada um, que a deixaram impressionada. Tigre gosta da cor azul-escura, disse-me Jackie, e de almofadas com franjas. Coisa estranha, eu sempre costurara bordas franjadas em sua roupa de cama e só há pouco as tirara. Ele era um gato janota, que gostava desses requintes (e eu apreciava essa experiência de decoradora).

Jackie desceu a todos os tipos de detalhes... Sobre a vida de Tigre e a minha. Nunca me esqueço de contar aos gatos o que estou fazendo e aonde vou... Pois nunca se sabe, não é mesmo?

Então, Jackie soltou a bomba:

– Você não vai se mudar em setembro. Segundo Tigre, só irá para a casa nova em outubro.

– O quê?! – Marcáramos a mudança para o final de agosto ou início de setembro. Outubro significaria semanas de adiamento, e preferi não acreditar naquilo. Além do mais, Jackie podia conversar com meus bichos, mas isso queria dizer que eles também eram sensitivos? Pelo amor de Deus, como meu gato iria saber a data da mudança? Era bizarro demais para ser levado a sério. No entanto, Tigre estava realmente mais por dentro do que nós.

Semanas se passaram, e os inevitáveis adiamentos ocorreram. Tivemos de fato inúmeros contratempos com a data; só deixamos a velha casa no último dia de setembro e, conforme Tigre previra, entramos na casa nova no dia 1º de outubro! Nunca subestime os poderes de um gato sensitivo.

Nossa gatinha preta Mágica também nos comunicou muita coisa sobre sua vida e a nossa. Mais tarde, Jackie pediu a um amigo pintor que fizesse um quadro, em estilo quadrinhos, de nossos "famosos" bichanos. Saudações, Jackie (o quadro está na parede de minha cozinha).

O CÉU AJUDOU NA MUDANÇA?

Encontrar a casa ideal revelou-se uma tarefa difícil e, depois de três viagens (quase quatro horas de estrada cada uma), já estávamos ficando inquietos. Queríamos morar na Cornualha; perto do mar, numa área que visitávamos havia quase vinte anos. Como a maioria das pessoas, elaboramos uma lista bem longa de "exigências" para a nova morada. John (meu marido) e eu precisávamos cada qual de um escritório, pois trabalhamos em casa; além disso, ficando tão longe da família, precisaríamos de quartos de visita também. No topo da lista, estava a segurança dos gatos, de modo que eu necessitava de um lugar sossegado para sua proteção e que me desse, ao mesmo tempo, paz e tranquilidade para poder escrever meus livros e artigos.

Encontramos várias casas perfeitas, que perdemos por causa de vários atrasos. No fim, fiquei realmente desesperada e voltei-me para o céu.

– Papai, por favor, ajude-me a encontrar a casa certa! – e cruzei os dedos.

Quando examinamos os detalhes de determinada casa, a ficha não caiu imediatamente. Ela não atraíra mais ninguém, é claro, pois ninguém além de nós fora vê-la. Pelas fotografias, aliás não muito boas, a construção parecia escura e antiquada com todos aqueles quartos vazios. Além disso, como estava muito perto da cidade, era uma perspectiva improvável. Mas, mesmo assim, algo nos convenceu a marcar uma visita ao local.

Bem-vindos à minha vida fantasmagórica

Quando paramos diante da casa, comecei a ficar entusiasmada. Não era escura, e sim sombreada por belas árvores antigas em volta. Talvez fosse perto da cidade, mas localizava-se no fim de uma alameda que saía de uma estradinha quase sem movimento: conveniente e isolada. Entramos. Os cômodos eram espaçosos e bem iluminados. Somente o que eu ouvia era o canto dos pássaros. Sim! As fotografias tinham caído do céu, pois mantiveram longe outros interessados.

Pouco depois, soubemos que a casa era nossa, justamente na data do aniversário de papai: coincidência? Talvez... No dia marcado, seguimos o grande caminhão de mudança que exibia na traseira a palavra PAI (as iniciais da empresa, sem dúvida). À nossa espera, em frente da porta, estava uma grande pena branca (o cartão de visita dos anjos) enfiada no capacho. Ali ficou por várias semanas. Gosto de pensar que papai nos deu uma mãozinha no processo da mudança e lhe sou muito grata por isso! Na verdade, sempre encontramos penas brancas enfiadas no capacho diante da porta e prefiro acreditar que são sinais dos anjos.

Minha vida, comparada à de muitas pessoas, é estranha; meu cotidiano é pontilhado de encontros paranormais, o que me leva a perguntar muitas vezes: isso ocorre porque decidi abrir os olhos para a magia à minha volta? Pode acontecer com você também: apenas continue lendo e compartilharemos mais experiências mágicas.

Os anjos são reais? Vamos examinar juntos as provas. Ah, ia me esquecendo: minha filha teve mesmo uma saudável menina no dia de Ano-Novo seguinte, 1º de janeiro de 2011, e pessoas do mundo inteiro escreveram para me lembrar que os números 1/1/11 (um despertar espiritual) são mágicos.

Sejam todos bem-vindos à minha vida fantasmagórica!

Um anjo salvou minha vida

Posso, em duas palavras, resumir tudo

o que aprendi sobre a vida: ela continua.

– Robert Frost

Já faz muito tempo que ouvi a música dos anjos pela primeira e última vez. O som do coro angélico vinha do banheiro de casa, onde minha filha pequena dormia no chão. A pobrezinha estava com dor de barriga havia horas (conto isso apesar de saber que ela, hoje adulta, certamente não gosta nada de me ouvir relembrar o episódio...). O ponto central da história é que eu perguntara aos anjos, no começo daquela noite, se poderiam ajudar. Era preciso que Georgina sarasse e eu ficasse sossegada (egoísmo meu, sei disso).

Vocês pensarão sem dúvida que os anjos têm coisas mais importantes a fazer, como zelar por regiões do globo onde há fome e guerras. Mas descobri, na época, e continuo a pensar assim, que há anjos por toda parte e que todos os problemas humanos são importantes para eles. Não importa qual seja a dificuldade, não importa quão pequenina seja a nossa preocupação, lá estão os anjos, ao fundo, apoiando-nos como podem.

O caso a que me refiro foi uma das experiências de maior impacto em minha vida. Um som harmonioso de harpas se filtrava pelas frestas da porta do banheiro e, é claro, quando fui até lá não vi ninguém... Ninguém que estivesse visível. Minha filha dormia tranquilamente no chão, envolta em toalhas. Deixei-a descansando ali mesmo e, de manhã, ela acordou totalmente recuperada.

Desde então, aguardei ansiosamente encontros angélicos tão maravilhosos quanto aquele e, embora eles ocorram de vez em quando, para mim, como ser humano, nunca parecem suficientes! O que os anjos precisam fazer para ter certeza de que acreditamos neles? E como devem agir para sabermos que estão conosco?

Anjos existem? Pode apostar que sim! Passei anos estudando o fenômeno das experiências angélicas e posso lhe dizer sem sombra de dúvida: eles são reais. Se você ainda está à espera de um encontro com um anjo, talvez deva se perguntar: e se esse fato miraculoso já aconteceu e eu não percebi? Por incrível que pareça, muita gente não percebe.

Anjos, seres de luz, criaturas aladas – não importa o nome que você lhes dê, eles nos acompanham e tomam conta de nós. São nossos guias e protetores, sempre prontos a nos defender por amor – em suma, são nossos anjos da guarda. Ajudam-nos em nossa jornada terrena, consolam-nos, curam-nos. Adoro anjos!

QUE TAL UM POUCO DE INSPIRAÇÃO?

Os anjos estão presentes em todas as áreas de minha vida. Invoco-os quando me sinto triste e solitária; uso suas imagens para decorar minha casa. Embora meu marido ache que eu exagero um pouco metendo anjos em tudo, a meu ver eles nunca são demais. Mas isso é comigo! As estatuetas e pinturas de anjos representam seres reais para mim. Sua presença em minha casa significa que estou sempre pensando neles. Toda vez que dobro uma esquina, dou de frente com um anjo. Você, da mesma maneira, pode trazer anjos para sua vida. Talvez os seus sejam um pouco mais sutis que os meus!

Trabalhar com anjos significa requisitar sua companhia; e, como eles me rodeiam no sentido físico, acho fácil, vendo suas imagens, convidá-los para meu mundo. Peço-lhes que abençoem minha comida, ajudem-me a escrever e curem meu corpo quando estou dormindo. Como os anjos poderiam ajudar você hoje?

Erguendo os olhos para a parede diante de minha escrivaninha, vejo meu novo relógio de anjo, um globo de anjo na estante, um calendário de anjo, um cartaz de anjo e um anjo pousado na borda de um prato cheio de cartas de tarô ilustradas com figuras de anjos! Até os álbuns de fotografias e as agendas, que ficam num canto da escrivaninha, são decorados com anjos brilhantes; e, conforme já mencionei, meus descansos de copos mostram anjos vermelhos e cor-de-rosa para combinar com o relógio (é verdade!). Enumero tudo isso para inspirar o leitor. Você tem anjos em sua casa? Aqui, anjos se sentam na borda das prateleiras e escoram porta-retratos. Tenho anjos nos castiçais e nas velas. Até o vaso de minha orquídea é decorado com a figura de um dos anjos-querubins da Capela Sistina (a capela do Palácio Apostólico, residência oficial do papa na Cidade do Vaticano, famosa por sua arquitetura, sua pintura e sua decoração, preponderantemente de anjos). Costumo vasculhar lojas de presentes à cata de mais anjinhos, e amigos muitas vezes me surpreendem com alguns verdadeiramente maravilhosos – recebi um par de lindos anjos bordados, um num pregador de roupa, anjos em adesivos, marcadores de página com anjos...

Postei parte dessa coleção em meu Facebook, caso você esteja interessado em dar uma olhada – atualizo a página de tempos em tempos. Quadros de anjos pendem da parede do escritório; sininhos de anjos e penas se agitam no armário de pinho com portas de vidro decorado com anjos. Quando penso que já colecionei tudo o que existe, amigos e leitores me mandam mais. Gosto especialmente de anjos inteiramente brancos, amarelos ou dourados de todos os tamanhos e aspectos – os dourados parecem um tanto decadentes, não?

Se você quer introduzir anjos em sua vida, comece a fazer sua própria coleção. É um bom ponto de partida. Não precisá comprar peças caras – pode até mesmo moldá-las ou esculpi-las você mesmo, quem sabe? É divertido. Neste momento, Alan, um artista angélico, está desenhando para mim algumas cartas personalizadas com figuras de anjos (veja-as em www.cloughart.com, em inglês).

Quer se sentir mais inspirado? Eu costumo imprimir papéis de carta com gravuras de anjos tiradas diretamente do computador e uso blocos de notas com figuras de anjos. Tenho uma almofada de carimbo dourada e um carimbo com o desenho de uma pena de anjo, mas às vezes recorto e colo figuras de anjos em meus envelopes – dentro dos quais sempre vão, é claro, confetes com desenhos de anjos!

COMO TRABALHAR COM SEU ANJO DA GUARDA

Os anjos não apenas são reais como cada um de nós tem seu anjo da guarda: um ser que nos acompanha desde o início dos tempos... De nossos tempos, de nossa vida. Seu anjo da guarda está sempre ao seu lado. Acredite nisso, sinta isso do fundo do coração – e que essa fé lhe dê segurança.

Os anjos nos protegem e nos guardam, mas, principalmente, amam-nos. Procure sentir esse amor de seu anjo. O amor incondicional que ele lhe devota não se parece com nenhum outro que você tenha experimentado como ser humano. O maior amor que já experimentou não é nada perto do amor imenso e todo-poderoso de seu guardião. Deixe que o amor de seu anjo penetre sua vida e alcance seu coração.

Todos, sem exceção, têm seu próprio anjo. Você também, ainda que não seja um ser humano perfeito (e quem é?). Nós todos cometemos enganos, do contrário não seríamos homens – e esse é um dos motivos pelos quais estamos agora na Terra. Nascemos para aprender e evoluir. A maioria das pessoas se critica o tempo todo – você alimenta essa crítica interior, que o importuna o dia inteiro e o desequilibra? A voz lhe diz: "Você não serve para nada, não vale nada, não vai conseguir fazer isso, nunca vai conseguir"?

É o que acontece com a maioria, mas saiba que essa voz NÃO é a voz de seu anjo.

Muitas das histórias deste livro tratam de experiências de cura. A confiança íntima preserva nosso bem-estar emocional. Quem tem autoconfiança, quem acredita no acerto de suas escolha, sente-se melhor com relação ao mundo e a si próprio.

Deixe o amor fluir

Seu anjo da guarda só quer que você ame a si mesmo como ele o ama. Por que não tenta? Toda vez que ouvir uma voz negativa em sua cabeça, substitua-a imediatamente. Diga "Eu te amo", "Você está fazendo um ótimo trabalho", "Parabéns!". As mudanças pelas quais nosso planeta está passando atualmente significam que precisamos apurar nossas vibrações interiores. Tenha pensamentos positivos e ideias amorosas. É importante policiar seus julgamentos. Procure controlar o que pensa tanto quanto o que diz. Não é fácil, portanto comece por você mesmo. O amor nasce em CASA, dentro de seu coração. Como poderão os outros nos amar se nós mesmos não nos amamos?

Neste exato momento, há anjos por toda parte. Você consegue perceber o seu ao seu lado? Eles querem nos confortar, cuidar de nós e sobretudo nos amar. Podem interferir de leve em nossos assuntos ou se envolver a fundo quando coisas mais graves nos acontecem. Gosto especialmente quando eles acodem para salvar vidas. Sua ajuda em situações de risco pode ser a diferença entre viver e morrer; e, quando "nossa hora" ainda não chegou, parecem capazes de, literalmente, arrancar-nos do perigo. Mas nem por isso você deve assumir riscos gratuitos... Não se trata de um jogo. Se pular na frente de um ônibus de propósito, será atropelado, não tenha dúvida.

Os anjos são criaturas formosas, mas o que conta não é sua aparência, e sim aquilo que nos fazem sentir. Encontre um deles e logo se sentirá calmo, tranquilo (embora, de início, possa se assustar!). Os anjos são seres majestosos. Vê-los com os olhos do corpo é verdadeiramente espantoso! A presença de um anjo muda para sempre a vida da gente, e cada vez mais pessoas, no mundo inteiro, vêm tendo experiências angélicas de todos os tipos. Sentir, perceber ou tocar um anjo é uma experiência de cura.

A energia angélica é mágica e terapêutica; de fato, terapeutas de todas as partes do mundo pedem que anjos se apresentem durante suas sessões de cura – e por bons motivos. Trabalhar com anjos é como acender uma luz: tudo fica mais brilhante, mais claro, mais cálido. Se você trata de doentes, invoque o arcanjo Rafael – o anjo da cura – para uma "assistenciazinha" especializada.

COMO SENTIR A PRESENÇA DE UM ANJO EM SUA VIDA

- Um anjo poderá lhe dar de presente uma pena branca ou uma moedinha.
- Basta sentir que ele está por perto. A energia que envolve você se modifica ou então seus membros começam a tremer.
- Talvez tenha a sorte de ouvir a música angélica (coros harmoniosos, encantadores... O som de uma harpa, como sugerem as ideias tradicionais sobre os anjos!).
- Pode ser que, para você, o anjo apareça envolto numa nuvem de perfume: aromas inebriantes de flores exóticas são um dos sinais mais comuns.
- Talvez se depare com o anjo numa fotografia: esferas brilhantes ou formações nebulosas que aparecem por trás de entes queridos, sobretudo em ocasiões especiais. Em sonhos, os anjos sempre estão envolvidos por esse halo maravilhoso.
- Você pode ouvir a voz de um anjo: eles frequentemente advertem os humanos para algum perigo com palavras ou

frases simples do tipo "Pare" ou "Vá devagar"... Nossos entes queridos que já faleceram também fazem isso.
- Às vezes, em uma situação difícil, um anjo pega nossa mão ou pousa o braço em nosso ombro – então, a sensação é de um contato físico. E tão real que arregalamos os olhos e olhamos em volta para ver quem está nos consolando.
- O anjo, ocasionalmente, desperta a pessoa à noite: quando ela corre perigo ou porque as vibrações muito altas de quem dorme tornam mais fácil a manifestação angélica. Nesse caso, o anjo se postará aos pés da cama ou ao lado. Parece, às vezes, que se senta na cama, e então a pessoa sente o colchão afundar um pouco.

Os anjos, é claro, podem aparecer para as pessoas de várias maneiras – essas são apenas algumas. Você já se encontrou com um deles? Se não, que tal se encontrar agora mesmo?

EXERCÍCIO PARA VOCÊ SENTIR A PRESENÇA DE SEU ANJO

Depois de ler este texto até o fim, feche os olhos – sim, logo depois! Relaxe por alguns instantes e depois comece a usar a imaginação. A imaginação é o caminho pelo qual você chegará ao seu mundo interior a fim de poder "ver", com os olhos da mente (dentro de sua cabeça), o anjo diante de você. Com quem ele se parece? É macho ou fêmea? Qual a cor de seus cabelos? E de seus olhos? Observe bem. Que trajes ele está usando? Tem asas ou halo? Examine cada detalhe e anote o que viu imediatamente, antes de prosseguir na leitura – isso não lhe tomará muito tempo!

Trabalhar com seu anjo só lhe custará um pequeno esforço! Se não conseguir ver nada, pergunte a si mesmo: "Quais serão as respostas às minhas perguntas?". Anote essas palavras e use sua intuição para orientar as respostas. Apenas anote, nada mais.

Muito bem. Depois de escrever isso, feche os olhos de novo e pergunte ao anjo: "Qual é o seu nome?" Ouviu alguma coisa? Se não ouviu, pergunte de novo, ciente de que há uma resposta à sua pergunta – e anote-a.

Às vezes, um anjo não tem nome tal qual o entendemos. Ele pode ser conhecido por suas habilidades, seus pensamentos e seus sentimentos, interpretados por outros de um modo visual ou vibracional, pelas cores e pela luz que suas formas angélicas emitem.

Assim, seu anjo pode sugerir que você mesmo lhe dê um nome.

Não tenha receio: dê um nome ao seu anjo! Escolha – ou invente – um de que você goste. Vá em frente: seu anjo terá o nome que você escolher para ele. Agora abra novamente os olhos e anote-o... Antes que o esqueça.

Se quiser trabalhar com anjos dessa maneira, tenha sempre uma caneta ao seu alcance. Sugiro que compre um caderno só para fazer as anotações sobre eles. É ótimo escrever essas coisas à mão, mas você pode também digitá-las num arquivo especial. Comece escrevendo – apenas isso.

Agora, feche de novo os olhos, desta vez bem relaxado, e permaneça assim por alguns minutos. O anjo se aproximará (com sua permissão) para lhe dar um abraço afetuoso. Sinta a dádiva de amor puro, incondicional, de seu anjo... E tome consciência de que está o tempo todo rodeado desse amor. Relaxe completamente durante o exercício e capte as energias irradiadas do abraço de seu anjo da guarda. Não se apresse, aproveite bem a experiência.

Seu anjo está sempre por perto para cuidar de você, amá-lo e protegê-lo. Você não precisa enfrentar nada sozinho, conserve essa ideia no fundo do coração, pois ela lhe dará confiança em seu dia a dia. Somente depois de explorar plenamente essa experiência, passe para a fase seguinte do exercício.

Peça agora ao anjo que cure seu corpo e sua alma. Relaxe enquanto ele lhe transmite a energia da cura. Sinta-a em volta do corpo, penetrando nos lugares que de fato precisam dela. Carregamos nossos problemas nos ombros e na parte baixa das costas, principalmente. Eu às vezes sinto dor atrás dos olhos quando estou aborrecida ou estressada – e, coisa estranha, na parte superior dos braços, como se eles literalmente suportassem o peso de meus problemas. Examine todo o corpo para detectar áreas doloridas e peça aos anjos que as curem também. Por alguns minutos, "imagine" isso acontecendo e, quando estiver pronto, abra os olhos e anote tudo o que ocorreu.

Peça ao anjo uma mensagem ou um mantra (uma afirmação otimista para você repetir ao longo do dia)... E apenas ouça. Aqui vão alguns exemplos:

- Estou bem e feliz.
- Estou repleto de luz divina.
- A abundância do universo sempre desce facilmente sobre mim.
- Tenho muitos amigos.
- Arranjarei outro emprego sem dificuldade.

A mensagem pode ser transmitida por palavras ou sensações. A seguir, agradeça a seu anjo, abra os olhos e anote tudo de que se lembrar. Marque esta página do livro e releia-a sempre que quiser. Transforme *isso em rotina e siga-a, se possível, todos os dias durante algumas semanas. Anote quaisquer mudanças que ocorrerem durante o processo.*

Na próxima história, minha leitora sentiu que seu ente querido a abraçava. É uma experiência mágica e purificadora sentir um parente ou amigo falecido fazendo isso. Por um breve instante, ele se torna seu anjo da guarda... E você constata que, realmente, ele continua por perto. Será que seu anjo da guarda é capaz de pegar sua mão? Pode apostar que sim!

Meu "anjo" me abraçou

Minha mãe faleceu no dia 14 de junho de 2010, depois de uma longa doença. Éramos muito próximas, e eu a considerava minha melhor amiga, confidente e conselheira... Ela era tudo para mim. Depois do funeral, senti sua presença algumas vezes; numa delas, esteve ao lado de minha cama a noite inteira, o que achei muito reconfortante.

Tinha muita saudade dela e, passados uns dois meses, estava realmente "para baixo"; chorei e pedi a Deus que a deixasse me visitar de novo. Uma noite, ela apareceu. Tudo absolutamente real. Mamãe estava feliz, sorrindo; seu rosto parecia iluminado. Embora precisasse de tubos de oxigênio quando passava mal, não os usou antes de morrer. Como seriam esses tubos, caso aparecessem também? Mas mamãe insistiu em me tranquilizar: "Veja, Pamela, estou bem!". Não parecia mover os lábios; era como se conversasse comigo mentalmente.

Em seguida, abraçou-me e eu chorei em seus braços. Senti-me agasalhada, em paz; aquilo era espantoso, mas absolutamente real. De manhã, acordei banhada em calor, serenidade e afeto. Acredito mesmo que ela me visitou quando eu mais precisava disso, e não esquecerei aquela noite pelo resto da vida.

Antes de mamãe falecer, havíamos programado tirar férias; e depois ela me disse: "Pamela, afinal você bem que precisa daquele descanso". Tinha razão. Saí de férias e tentei aproveitar a experiência ao máximo.

Certa noite, jantava agradavelmente com alguns amigos, falando sobre mamãe. Lembro-me de que estava bastante tranquila na ocasião, como não estivera ainda desde sua morte. Após voltar para casa, decidi que já era tempo de retomar o trabalho. Sou enfermeira e achei que era importante continuar cuidando dos outros e viver a vida – por mamãe. Meu marido pôs as fotos das férias no computador e, quando as olhamos, minha filha de 14 anos exclamou: "Mãe, há uns 'orbes' junto de sua cabeça!". Eu não sabia do que ela estava falando, então observei mais de perto as fotos tiradas na noite do jantar. Havia mesmo três círculos de luz distintos, e achamos que eram mamãe, minha avó e meu avô acompanhando-nos nas férias. Fato curioso: antes de partirmos, eu pedira a Deus um sinal de que mamãe estava com seus pais e sendo bem cuidada. Aquele era sem dúvida o sinal: minha bonita mamãe procurando me dizer que tudo corria bem.

Não me atrevi a contar minhas experiências para o resto da família porque eles não são muito espiritualizados... E pensariam que fiquei maluca! Mas contei-as a dois amigos: eles acreditam firmemente que se trata de mamãe trazendo-me sua dádiva de amor.

Embora eu sinta muita saudade dela, encontro consolo suficiente nas mensagens do céu e fico aguardando outras. Quando mamãe quer me visitar, estou sempre pronta a atender ao seu chamado. A visão que agora tenho da vida e do além realmente me tornou uma pessoa mais espiritualizada. Nunca temerei a morte porque sei que, quando chegar a hora, minha bela mamãe, minha avó e meu avô virão me buscar, como buscarão papai, recebendo-nos de braços abertos.

Pam, Inglaterra

Você percebeu que o ponto importante do relato é quando a mãe de Pam lhe garante estar bem? Isso alivia o sofrimento. Não é maravilhoso ela ter sentido "fisicamente" o toque da mãe? Meu pai fez a mesma coisa com duas de minhas irmãs, visitando-as em sonhos e dançando com elas como fazia em vida. Ambas contaram que sentiram o toque como se ele estivesse vivo. Parecia real. E, de fato, é assim que acontece. Acho ótimo também que os entes queridos apareçam sob a forma de lindos orbes nas fotos (magníficas bolas de luz que, segundo algumas pessoas, caracterizam espíritos ou anjos).

A mãe de Pam se comunicava também por telepatia, o meio usual a que os espíritos recorrem para entrar em contato conosco. Eles não possuem um corpo físico tal como o entendemos, de maneira que laringes são também desnecessárias. No céu, toda comunicação se faz por telepatia (contato de mente para mente por palavras, imagens ou pensamentos) ou pelo simbolismo (do mesmo modo que, em sonhos, recebemos mensagens de nossos eus superiores, anjos ou guias).

Qual é a aparência dos anjos?

Algumas pessoas se lembram de estar acordadas durante seus encontros com anjos; outras, dormem, mas permanecem conscientes; e ainda tem quem fique inconsciente, embora recordem a visita angélica. Alguns anjos assumem a aparência humana, outros se manifestam sob a forma de seres enormes e brilhantes; uns são altos, outros pequeninos como fadas. Há pessoas que avistam criaturas com a consistência de nuvens; outras veem luzes faiscantes ou orbes radiantes em diferentes cores que brilham na escuridão como faróis. Nas histórias seguintes, mostrarei todas essas e muitas outras variações. Com qual aparência você gostaria que um anjo o visitasse?

Você já se encontrou com um anjo? Ele é um ser de luz, um parente morto, um espírito ou um guia desconhecido? Talvez seu anjo venha de outras esferas ou dimensões... Estudemos isso um pouco mais. Reuni algumas maravilhosas histórias autênticas de anjos para inspirá-lo e encantá-lo. Posso lhe garantir: todas as histórias deste livro são experiências reais enviadas a mim por leitores solícitos do mundo inteiro. Isso aconteceu com eles e pode acontecer com você também.

A VOZ QUE SALVOU MINHA VIDA

Em setembro último, meu marido e eu começamos a nos sentir mal ao mesmo tempo. Passamos a ter dores de cabeça e cansaço extremo; depois, acessos de vertigem. Até nosso pequeno hamster, Charlie, parecia irritado. Mas não ligamos coisa com coisa e não fazíamos ideia do que estava errado conosco.

Então, numa manhã de segunda-feira, sentada no sofá antes de ir trabalhar, senti-me realmente indisposta, esquisita. Decidi tentar entrar em contato com algum assistente "do além" e perguntar aos "seres" que porventura estivessem ali no momento o que havia de errado conosco e por qual motivo estávamos doentes. Subitamente, notei a presença do espírito de um velho cavalheiro na sala. Eu não o conhecia e, estranhamente, não senti medo, embora ele tivesse se sentado bem perto de mim. Olhou-me com atenção e disse, com a maior clareza: "É monóxido de carbono, livre-se dele!". Fiquei atordoada.

Ainda posso ouvir essas palavras com nitidez, depois de tanto tempo. Imediatamente corri até o computador e liguei-o. A frase "envenenamento por monóxido de carbono" estava lá, na internet, e os sintomas descritos eram os mesmos que apresentávamos! Telefonei para nosso médico, que ficou intrigado por termos, ao contrário da maioria das pessoas, reconhecido prontamente os sintomas. Mas eu não lhe contei como os reconhecera!

O médico recomendou que eu procurasse imediatamente o pronto-socorro do hospital local. Para ser franca, isso foi pura perda de tempo, pois esperei quase quatro horas só para me dizerem que eu não tinha nada e me mandarem para casa, apesar de minha pressão estar muito alta!

Um anjo salvou minha vida

Sem dúvida, ainda precisávamos resolver o problema do monóxido de carbono, por isso chamei um técnico e pedi-lhe que investigasse onde estava o vazamento. O técnico olhou para o aquecedor e imediatamente desligou-o, aconselhando-nos a não ligá-lo novamente. Era o aquecedor que emitia o monóxido de carbono! Surpresa, surpresa!

Tenho até medo de pensar no que poderia nos acontecer caso aquele amável espírito de cavalheiro não me houvesse alertado! Meu marido, eu e nosso pequeno hamster talvez não estivéssemos aqui para contar a história! Que sorte sermos protegidos por anjos! Considero isso uma bênção.

Decidi devotar a vida a trabalhar com esses seres maravilhosos e julgo-me afortunada por vê-los e ouvi-los. Eles, literalmente, salvaram minha pele.

Caroline, Inglaterra

Essa história não é de nos deixar de queixo caído? Sei que muitas pessoas ficariam com medo do espírito e dariam o fora antes de ouvir o que ele tinha a dizer. Quem seria esse espírito? Como Caroline não o reconheceu, não era certamente um parente dela. Talvez alguém que havia morado na casa fazia muito tempo. Ou então o anjo da guarda de Caroline. Só sabemos que assumiu esse papel quando ela mais precisava de ajuda. Tomara que todos nós tenhamos a mesma sorte. Haverá mais histórias desse tipo.

Seja seu próprio anjo

Lembre-se: você pode ser seu próprio anjo da guarda aqui na Terra. Peça ao seu fornecedor de gás para instalar detectores de vazamentos em sua casa (você os encontra em qualquer loja especializada). Instale vários deles, principalmente perto do fogão e do aquecedor. Esses discos de plástico com plugues, não muito maiores que selos, são baratos. O material, muito sensível ao gás, mudará de cor caso alguma emissão ocorra. No entanto, precisam ser trocados de vez em quando, portanto não se esqueça de marcar a data na etiqueta que vem com eles. Esse é o meu conselho de anjo: ouça-o! E que tal levar um na mala quando viajar? Quartos de hotel também podem ser perigosos!

Outra coisa para a qual os anjos costumam chamar nossa atenção são os detectores de fumaça. Você os tem em sua casa? Em alguns lugares, o corpo de bombeiros fornece-os gratuitamente; e, se sua casa for alugada, o proprietário talvez seja obrigado a providenciar a instalação (releia o contrato). Teste regularmente as pilhas (sempre tenha algumas de reserva). Hoje mesmo, cheque seus alarmes antes de ir para a cama; e marque na agenda as datas para fazer isso regularmente (pelo menos uma vez por semana). Se fizer a checagem no mesmo dia da semana, é improvável que se esqueça.

O PAPEL DE NOSSOS ANJOS

Você já se deu conta da presença de um espírito em sua vida? Muitas pessoas se sentem ajudadas por um guia ou guardião invisível, em épocas de grande necessidade. Acredito que justamente nessas ocasiões eles venham em nosso socorro. Haveria momento mais oportuno para se darem a conhecer do que quando precisamos urgentemente de sua presença? Mas, na verdade, o anjo da guarda está sempre conosco. Nunca somos abandonados por eles ou por nossos guias espirituais – mesmo que não notemos sua proximidade.

A emoção parece também desempenhar seu papel. Houve instantes em que eu mesma fiquei magoada com meus anjos: onde estavam e por que não vinham em meu auxílio? Para dizer a verdade, cheguei a ser muito rude com eles. Mas a errada era eu. Os anjos devem ser tratados com a mesma polidez que nossos semelhantes merecem. Serei demasiadamente grosseira? Não estou bem certa de que a rudeza torne mais provável sua manifestação.

Um anjo salvou minha vida

Os anjos não podem interferir em nossas vidas, mas estão sempre por perto quando precisamos de sua ajuda. Algumas pessoas (eu, principalmente) às vezes se esquecem disso e pedem aos anjos que façam coisas idiotas e sem sentido... Que elas próprias poderiam fazer muito bem sozinhas. Os humanos estão aqui para aprender a se virar. Meus leitores fiéis já me ouviram dizer que, não raro, é melhor nós mesmos colocarmos a mão na massa (certamente, isso é mais gratificante!).

Você já pediu aos seus anjos que lhe antecipassem os números vencedores da loteria ou que o ajudassem a ganhar no bingo? Sem dúvida, muita gente faz isso, pois acha que uma grande soma de dinheiro resolverá todos os seus problemas. Ora, os milionários não são necessariamente mais felizes que os pobres! Além disso, quanto mais dinheiro temos, mais dinheiro queremos! Ele pode ampliar o leque de nossas opções, mas muitas vezes atrapalha. Pesquisas com pessoas felizes indicam que as de vida simples e pouca "grana" são as mais satisfeitas. Pertences caros trazem seus próprios problemas: você precisa cuidar deles, colocá-los no seguro, escondê-los etc. Seja rico com sua família, seja rico com seus amigos, encontre satisfação na Natureza, mostre-se contente e grato pelos confortos que possui, como cama e comida suficiente. Nem todo mundo tem essas coisas.

Os anjos quebram o nosso galho em várias situações difíceis e, embora possam nos ajudar a encontrar o dinheiro para pagar nossas contas, dinheiro não é de modo algum sua especialidade! Muitas pessoas são culpadas por pedir aos anjos que as ajudem em tudo (eu, de novo!). Mas há problemas que nós mesmos precisamos resolver! Imagine se carregássemos no colo uma criança normal e saudável até ela completar dez anos, por medo de que caísse ao aprender a andar: ridículo, não? Os anjos não nos carregam no colo, pelo menos não quando a resposta ao problema está bem diante de nosso nariz. Eles nos *carregam* em situações de perigo, não quando estamos incertos sobre uma simples decisão a tomar.

Mas você não precisa se sentir constrangido ao pedir ajuda aos anjos. Às vezes, certas tarefas são um pouco pesadas e eles podem aliviar em parte nossa carga... Geralmente convocando outros seres humanos para nos dar uma mãozinha. Colocar a pessoa certa diante de nós pode ser a maior ajuda que no momento são capazes de oferecer.

Muitas vezes, precisamos mesmo é de auxiliares humanos. Em sua vida, quem são eles? Já o ajudaram em situações difíceis? Lembra-se de quando um colega de classe o defendeu na escola ou uma criança lhe sussurrou ao ouvido as palavras singelas que precisava ouvir? Talvez tenha sido mais profundamente confortado por um estranho ou um bichinho de estimação. Talvez um animal ou pássaro tenha aparecido do nada para distraí-lo momentaneamente de suas tribulações (ontem mesmo um pardal fez isso por mim). E você, já agiu como anjo hoje? Não ignore os pedidos de ajuda das pessoas que estão à sua volta: um anjo pode ter colocado VOCÊ no caminho delas por um bom motivo. Talvez hoje VOCÊ seja o anjo!

A experiência descrita agora é uma das mais dramáticas que me chegaram por carta. Quem fez a advertência verbal e salvou três vidas?

SALVOS DE UM DESTINO TERRÍVEL

Em 1989, meu ex-marido e eu morávamos na Nova Zelândia, onde administrávamos uma fazenda de gado. Era fim de primavera, e a estação fora chuvosa. Uma gleba distante, que reservávamos para feno todos os anos, tinha um grande lago natural que se formara já fazia muito tempo. O proprietário queria drená-lo porque anualmente apareciam por lá uns patos brancos comedores de grama que devoravam tudo nas margens, tornando muito difícil nossa tarefa de armazenar forragem para o inverno.

Nós já havíamos tentado espantá-los com tiros de pólvora seca de espingardas fornecidas pelo Departamento de Conservação, mas não funcionara: os patos, sempre afáveis, continuaram aparecendo. Como essa espécie é protegida, não poderíamos fazer muita coisa contra ela.

O filho do dono, nosso mecânico que executava boa parte do trabalho sazonal com as máquinas pesadas, foi chamado para examinar o lago e descobrir a melhor maneira de drená-lo. Como meu marido e eu trabalhávamos na propriedade, fomos todos até lá para ver o lago. Numa das margens, havia uma valeta rasa no chão, formando um dreno natural para que o excesso de água escorresse até o rio mais abaixo. Subimos a encosta até mais ou menos uns três metros da borda, onde paramos por uma questão de segurança. Os homens discutiam a melhor maneira de fazer o trabalho, e eu apenas ouvia.

O dia estava bonito, quente e ensolarado – uma mudança bem-vinda depois de tanta chuva. De repente, senti uma enorme força à minha volta e ouvi alguém gritar: "Corram!". Nós três nos viramos e saímos em disparada... E justamente no lugar onde estávamos, o barranco desabou sobre a valeta lá embaixo. Meu marido olhou-me, intrigado; e o filho do dono me perguntou como eu soubera que aquilo iria acontecer. Pelo visto, fora eu quem gritara "corram!"... Mas como? Eu apenas ouvira essa palavra em minha mente! Lembrava-me somente de estar olhando para os dois homens e, no instante seguinte, de corrermos todos sem saber o motivo. Acho que um anjo nos acompanhava e nos salvou de um destino terrível...

Susanne, Austrália

Seria Susanne a sensitiva do grupo? Os anjos a escolheram porque era a mais indicada para agir com rapidez naquele dia quente? Se ela sentiu uma força à sua volta, que força era essa? São experiências que na maioria das vezes provocam mais perguntas que respostas – as quais, provavelmente, nunca encontraremos... Pelo menos deste lado da vida. Aquela, sem dúvida, não era a "hora" deles!

E você, já teve experiências angélicas parecidas? Um anjo já salvou sua vida em circunstâncias dramáticas? É estranho, mas a maioria das pessoas esquece esses episódios depois que acontecem. O cérebro, não podendo entendê-los, sepulta-os no fundo da mente. Mas talvez você se lembre de seus encontros com anjos ao ler neste livro sobre experiências semelhantes que outras pessoas tiveram.

Anjos e espíritos estão por toda parte. Vamos investigar um pouco mais.

Espíritos no local de trabalho

A ciência pode determinar o que é, mas não o que será; para além de sua esfera, juízos de valor continuam indispensáveis.
– Albert Einstein

Para investigar a crença nos anjos, precisamos observar a vida. Mas, para observar a vida, temos também de levar em consideração a morte. A morte é uma coisa engraçada – não para rir, mas de uma maneira peculiar. Ela não é, em geral, um fato que desperta o riso, mas ainda assim há na internet muitas piadas sobre esse assunto. Talvez, para muitos de nós, seja algo que preocupa... Exageradamente. Percebo que, quanto mais envelheço, mais penso na morte. Mas quem sabe não sentimos medo da morte, e sim de morrer? Que acontece depois que morremos? Para onde vamos? Veremos de novo nossos entes queridos? Vamos nos transformar, todos nós, em fantasmas?

É comum espíritos visitarem as casas de que gostavam quando eram vivos, bem como as pessoas que ali moram. Outros, porém, fazem questão de aparecer em suas antigas empresas ou locais de trabalho. Muitos mais são vistos no lugar onde desencarnaram – e isso, infelizmente, pode acontecer tanto num escritório quanto num hospital. Ou seja, há espíritos por toda parte...

ESPÍRITOS NO LOCAL DE TRABALHO

Morto... Mas vivo

Pessoas são arrancadas às garras da morte o tempo todo e no mundo inteiro. A linha divisória entre a vida e a morte tem ficado menos nítida com o correr do tempo. O corpo humano anseia por continuar vivo e consegue sobreviver a traumas, doenças e acidentes graves. Hoje, temos testes para comprovar se uma pessoa está realmente morta, mas nem sempre foi assim. No século XVI, o corpo de Matthew Wall estava sendo abaixado à sepultura quando um dos coveiros tropeçou e o acordou de seu estado inconsciente. Matthew viveu mais algum tempo e foi morrer de fato em 1595. E diz-se que comemorava seu "despertar" todos os anos!

Incidente mais trágico ocorreu em 1984, em Nova York. Durante uma autópsia, o "cadáver" subitamente se sentou na mesa e agarrou o médico pelo pescoço quando ele estava para fazer a primeira incisão. Lamentavelmente, o médico morreu de susto ali mesmo, enquanto o "cadáver" ainda viveria tranquilo por muitos anos.

História mais feliz foi a da "morte e vida" do reverendo Schwartz. Ele estava deitado no caixão quando "ouviu" seu hino favorito. Por sorte o caixão ainda estava aberto, e o reverendo de repente se sentou e perguntou aos presentes enlutados por que estavam olhando para ele daquele jeito!

Só por garantia...

Inúmeras tradições funerárias, no passado, nasceram do medo que as pessoas tinham de ser enterradas vivas. Isso podia mesmo acontecer na época. Avanços na ciência médica tornaram o incidente menos provável hoje em dia... Graças a Deus!

Em muitas culturas, as pessoas costumavam "velar" o morto. O "velório" consistia em alguém se sentar ao lado do cadáver até a hora do sepultamento para o caso de o morto entrementes reviver. Essa prática está relacionada ao ritual católico em que o corpo é exposto no caixão por três dias antes do enterro. Muita gente especificava, em testamento, alguns procedimentos a serem seguidos em seu corpo para garantir que a morte realmente ocorrera. E havia quem exigisse ser sepultado com uma faca ou um revólver para o caso de acordar debaixo da terra... E assim poder dar cabo de si mesmo! Li sobre alguns caixões especialmente fabricados na Bélgica e nos Estados Unidos que traziam sinetas e sinalizadores... E mesmo uma lâmpada que acenderia caso indícios de vida fossem detectados em seu interior!

Mary Baker Eddy, cofundadora do movimento Ciência Cristã, teria sido sepultada com um telefone portátil. Se isso é verdade ou simples boato, não sabemos. Mesmo em tempos mais recentes, recursos desse tipo aparecem de vez em quando. Em 1995, você poderia adquirir um esquife com *design* italiano provido de bipe, microfone e receptor-transmissor. Vinham também uma lanterna e um balão de oxigênio, por medida de segurança! Hoje, creio eu, as pessoas prefeririam um celular com carregador... Afinal, nunca se sabe!

Rituais funerários

Muitos rituais funerários tradicionais são bem documentados. Um dos ritos sagrados do hinduísmo é o *Niravapanjali*, em que os ossos do morto são imersos em água sagrada para que sua alma ascenda às esferas celestes. Os costumes variam de país para país, conforme as crenças sobre o que acontece depois da morte. O pranto, espontâneo no Ocidente, é considerado obrigatório durante os funerais em várias regiões do globo, para simbolizar a ligação de perda e amor entre entes queridos.

Na maior parte da Europa e da América, o corpo é "vestido" para o funeral, geralmente com suas roupas favoritas ou trajes cerimoniais que usou em vida, como sinal de máximo respeito pelos mortos. Fazem parte do procedimento o penteado e a maquilagem, mesmo para os homens. O embalsamamento, feito para retardar a decomposição do corpo e deixá-lo com melhor aparência durante a exposição, é muito comum. Algumas tradições consideram a morte apenas o começo de outra vida. Em algumas regiões da África, os corpos são banhados e vestidos adequadamente para sua longa jornada.

A ressurreição de Jesus ocorreu no terceiro dia após sua morte, segundo a Bíblia. Talvez seja esse o motivo pelo qual os cadáveres permanecem insepultos pelo mesmo prazo em várias culturas. Em certas tradições, julga-se que o morto ainda pode ouvir tudo o que se diz dele durante esse curto período de tempo. Minha correspondência parece indicar que nossos entes queridos ficam sabendo de muitas coisas que acontecem conosco (mas não de todas, provavelmente) e insistem em "voltar" para nos convencer disso. Outras culturas enterram moedas com os corpos para que estes "paguem a travessia ao barqueiro" ou comprem sua entrada no céu; as moedas devem ser colocadas no bolso, sobre os olhos ou mesmo dentro da boca! Na Rússia, uma moeda é atirada à cova para ajudar o morto a conseguir uma situação melhor no além.

Depois que meu pai se foi, o agente funerário nos perguntou se queríamos deixar alguns objetos no caixão; sentimos certo alívio, naquele transe, em anotar todo tipo de coisas que o haviam ocupado em vida, merecedoras de ir com ele... Algumas eram engraçadas. Cigarros (item de que não gostávamos nada), balas de hortelã (ele sempre chupava algumas para disfarçar o cheiro do cigarro que havia "largado"), vara de pesca, bengala, sapatos de dança, carteira. Deixamos a lógica de lado quando inventariamos os símbolos de sua existência, um curto instante de alegria numa situação das mais tristes.

Algumas histórias mandadas por carta falam de visitas em sonhos a membros sobreviventes da família, que viram as roupas com as quais os mortos tinham sido sepultados, embora não houvessem estado presentes ao funeral. Para mim, essas experiências são boas provas de visitações do além.

Os mexicanos têm um ritual fabuloso chamado Dia de Finados (*Día de los Muertos*), que celebram em 2 de novembro (data conhecida também como Dia de todas as Almas, imediatamente depois do Dia de todos os Santos, que cai no dia seguinte ao 31 de outubro, o Dia das Bruxas). Muitas famílias montam seu próprio altar, que contém fotografias dos mortos (os ancestrais), velas, comidas e flores, particularmente cravos, as *flores de muerto* ou cravos-de-defunto. Não são incomuns doces e balas em forma de crânios e esqueletos! Acredita-se que, um belo dia, os mortos voltarão para junto dos vivos; o Dia de Finados é a certeza de que os ancestrais nunca serão esquecidos.

Gosto muito desses rituais e acho que seria maravilhoso celebrarmos a vida de uma pessoa amada criando os nossos próprios. Em vez de visitar um túmulo diariamente (o que impede os vivos de continuar levando normalmente suas vidas), imaginem se a família se reunisse uma vez por ano (ou a cada dois anos) para homenagear seus mortos. Essa é uma bela oportunidade para trocar fotografias e histórias positivas de suas vidas.

Sugiro também memorizar os entes queridos de alguma maneira: criando um *site*, escrevendo um poema, montando um álbum etc. Você poderá igualmente deixar um legado vivo iniciando uma obra de caridade a fim de levantar fundos para algo que o finado aprovaria, promovendo um chá beneficente ou um evento esportivo para financiar uma das causas favoritas dele. Tudo isso ajuda a amenizar o luto. O ente querido, lá em cima, tomará conhecimento de seus atos.

O ESPÍRITO VOLTA

Vida e morte fazem parte da rotina dos hospitais. Nada mais natural que espíritos frequentem lugares de cura para acompanhar o nascimento de parentes, cuidar de pessoas queridas enfermas ou segurar a mão de moribundos... Tudo isso do outro lado da existência.

Espíritos no local de trabalho

Neste mundo ou no outro, alguém zela por nós. Seus entes queridos continuam se preocupando com você quando está doente e farão o que puderem para ajudar em sua cura e confortá-lo, tudo isso do outro lado.

Nas próximas histórias, alguns espíritos visitantes são ex-pacientes; outros, ex-membros de equipes que trabalharam no hospital muitos anos; e outros, ainda, anjos ou parentes falecidos que auxiliam na cura dos enfermos ou tornam mais fácil sua passagem para o além. A primeira história me foi enviada por uma enfermeira. Ainda não sei bem se ela era um anjo solícito ou um fantasma amigável! Talvez não faça diferença.

Olá! Sou eu que você está procurando?

Há alguns anos, eu trabalhava como enfermeira no plantão noturno de uma ala com a qual ainda não estava familiarizada. Uma colega preparara uma cama para nós num dos quartos, a fim de descansarmos durante a mudança de turno. Na primeira parada, fui lá e a colega garantiu que me chamaria quando chegasse a hora de voltar ao trabalho. Fiquei tranquila e me estendi para repousar um pouco.

Estava adormecida há algum tempo quando fui subitamente despertada por uma luz que tremulava no assoalho e uma voz que dizia "Olá!".

Achei que ainda não dormira o suficiente, pois estava realmente cansada, e fingi ignorar o aviso para me levantar. Virei-me a fim de adormecer de novo e, dois minutos depois, a mesma coisa se repetiu; continuei ignorando o aviso, embora soubesse que deveria voltar ao trabalho. Pela terceira vez, fingi estar dormindo, mas agora a porta se abriu e um som de passos atravessou o quarto, parando ao lado da cama. Abri os olhos e não vi ninguém! Estranho, não?

Quando voltei para junto das colegas, não lhes disse o que acontecera porque talvez elas ficassem com medo de dormir naquele quarto. O hospital, que deve ter sido outrora um asilo, foi demolido para dar lugar a um conjunto residencial. Sem que isso chegue a surpreender, tive muitas outras experiências estranhas enquanto trabalhei ali.

Trudie, Inglaterra

Algumas pessoas acreditam que os fantasmas são uma espécie de "ecos" do passado. É possível que sua energia vital fique "gravada" na atmosfera, mais ou menos como a voz numa fita magnética. Pelo menos esse visitante invisível se mostrou suficientemente amistoso. A próxima história traz um visitante visível – mas quem? A diferença, neste caso, é que a enfermeira não apenas *viu* a pessoa como esta falou com ela. Seria uma criatura humana no lugar errado, um caso de troca de identidade, um engano da parte da enfermeira ou um espírito visitante? O que você acha? Não pode ter sido um anjo?

O *VISITANTE*

Meu pai tem 82 anos e, no dia 8 de abril de 2010, deu entrada no hospital para ser operado da próstata. Levei minha mãe para ficar com ele; meu filho e meu sobrinho lá permaneceram antes e depois da cirurgia. Eu disse a papai que rezaríamos por sua recuperação e cumpri o prometido. Mamãe disse que também rezou enquanto esperávamos no quarto do hotel.

Terminada a operação, fomos todos para o quarto de papai. Uma jovem enfermeira nos disse estas palavras estranhas: "Acho que a outra está na cafeteria". Não entendemos, uma vez que ficáramos juntos o tempo todo, por isso lhe perguntamos a quem ela se referia. A enfermeira explicou que conversara com uma senhora idosa sentada num canto do quarto de papai enquanto estivemos fora. Queria esperar ali até papai voltar da sala de cirurgia. A enfermeira, que a observara bem, descreveu-a como uma mulher de cabelos louros e curtos, grandes óculos de leitura e aparelho auditivo. A jovem chegara a conversar com ela, dizendo-lhe que poderia esperar na cafeteria enquanto papai estivesse sendo operado, pois seria avisada pelo interfone logo que tudo terminasse.

Meu filho, meu sobrinho e eu ficamos confusos porque não conhecíamos ninguém que se enquadrasse na descrição. Nunca soubemos de quem se tratava. Mas temos uma suspeita: talvez fosse um anjo vindo para nos dizer que tudo acabaria bem. Gosto de pensar que insistiu em nos garantir que papai estava em boas mãos.

Bronwyn, Austrália

Gosto de histórias com uma pontinha de mistério! Anjo ou humana, aquela mulher não deixou de confortar a família! Talvez fosse uma parenta morta ou o anjo da guarda do pai de Bronwyn disfarçado! A próxima história é fascinante, cheia do amor dos anjos e um pequeno presente de penas extra. Adoro penas de anjos, eles são o sinal perfeito de que um deles está velando por nós.

A DÁDIVA DOS ANJOS AMOROSOS

Penélope (colega que trabalha na mesma classe que eu) me contou que, desde a morte de seu marido, há três anos, já recebeu de presente uma pena branca de anjo em várias ocasiões, principalmente quando se sentia muito abatida. Ela sempre me confidencia detalhes de sua crença nos anjos.

Não falávamos sobre eles há semanas quando Penélope me disse (na sala vazia, depois que os alunos já tinham ido embora) que enviaria, por mensagem de texto, "votos angélicos" a uma amiga viúva necessitada.

"Como você sabe, Penélope", respondi, "minha única experiência com anjos foi quando fiz uma massagem facial na Bulgária há dois anos; devia estar bem relaxada, pois me senti 'alerta'. Mas acho que foi o contrário: fiquei absolutamente lúcida porque relaxei. A esteticista saíra da sala e acho que me deixou lá por mais ou menos uma hora. Na verdade, não sei por quanto tempo, mas me pareceu um período bem longo. Logo que ela se foi, senti a presença de anjos que chegavam e se ajoelhavam de cada lado e aos pés da cama. Eram sete ao todo.

"Ostentavam as tradicionais asas, como as que vemos em pinturas, e não olhavam diretamente para mim, antes se entreolhavam. Eu não conseguia ver bem seus rostos, mas me pareceram ruborizados. Achei estranho, pois faces de anjos em quadros são quase sempre brancas. Lembro-me de ter pensado então: 'Será que morrer é assim?'. Mas, de algum modo, eu sabia que não estava morta nem prestes a morrer. Mais espantoso que os anjos à minha volta foi o sentimento que me dominou: de plenitude amorosa.

"Os anjos me diziam: 'Nós a amamos, nós a amamos muito', e repetiam essas palavras várias vezes. Abri os olhos para ver se estavam realmente ali, mas só o que vi foi a sala. Fechei-os novamente porque queria os anjos de volta, e eles reapareceram. Continuavam conversando comigo e murmurando: 'Estamos aqui, estamos aqui, não há pressa, ficaremos com você pelo tempo necessário'. Sim, estavam ali e, ao longo de toda a experiência, lembro-me de ter pensado que não temia a morte, pois sabia estar vendo e sentindo o que sentimos e vemos depois de morrer.

"Eu estava muito feliz, embora a palavra 'feliz' não descreva corretamente a sensação. Nem penso que haja um termo adequado para ela – 'bem-aventurada' talvez seja a que mais se aproxime.

"Meu maior receio terreno é perder as pessoas que amo e nem isso importava no momento. Tudo pareceu durar cerca de meia hora (não sei ao certo). Então a esteticista voltou e eu também voltei à realidade. Contei o episódio a meu marido Keith e ele me veio com esta: 'Que bom, querida!'. Deve ter pensado: 'Que sonho bonito ela teve!' – mas eu sabia que não fora apenas um sonho."

Espíritos no local de trabalho

O tempo passou, e o fato permaneceu como uma lembrança agradável. Não o contei a mais ninguém até conversar com Penélope. Olhei-a de frente e perguntei de coração aberto, emocionada: "Mas como saberei se foi realidade ou imaginação?".

Antes que eu terminasse, ela disse: "Lá está seu sinal, Lorraine". Virei-me para onde ela apontava, à esquerda, e vi alguma coisa no chão. Penélope continuou: "É uma pena branca". Inclinei-me para apanhá-la e pensei: "Ora, meu bem, é apenas um floco de algodão!". Mas ela insistiu: "É uma pena branca, Lorraine". Estava sentada a uns quatro metros de mim e sabia o que estava dizendo: quando olhei mais de perto, vi que *era* realmente uma pequena pena branca. Inacreditável!

Nenhuma janela fora aberta, nenhuma porta fora fechada; não havia nada na sala de onde a pena pudesse ter se desprendido. Ela não passara por mim flutuando, apenas pousara no chão como se caísse do teto. Perguntei a Penélope no dia seguinte: "Quando você viu a pena?". E ela respondeu: "Quando passou por sua cabeça" (pelo lado esquerdo). Falei e pensei no caso durante muito tempo. E mesmo hoje, é provável que pense nele todos os dias.

Sei, para além de qualquer dúvida, que aquela experiência foi real e que é o que acontece quando morremos. Hoje me sinto reconfortada, ciente de que meu querido pai está no lugar especial para onde vamos todos quando chega a hora.

Cada palavra que eu disse aqui é verdadeira, Jacky. Fixei a pena com fita adesiva num cartão preto e trago-a sempre comigo na bolsa.

Lorraine, Dubai

Se você encontrar uma pena branca depois de pedir um sinal, talvez possa conservá-la também num lugar especial, não? A ideia de Lorraine, de fixá-la a um cartão, é ótima. Você pode ainda juntar várias delas num saquinho de pano ou apenas deixá-las na bolsa. Às vezes, levo algumas comigo para distribuí-las a amigos mais necessitados que eu. O que acontece quando você adoece ou sofre um acidente, mas sua hora de morrer ainda não chegou? É impedido de entrar no céu? Tem de permanecer onde está? Vamos descobrir...

Ainda não é a sua hora

Só há duas maneiras de viver a vida: como se nada fosse milagre ou como se tudo fosse milagre.
– Albert Einstein

    Gosto de tomar conhecimento das experiências inspiradoras de meus leitores. Você também tem um anjo da guarda? É claro! Todos temos. Antes de nascer, nossa alma escolhe determinado tipo de vida. E a vida que escolhemos é aquela que nos ajudará a aprender as lições a serem incorporadas ao nosso eu espiritual. Que lições você selecionou para esta encarnação? Eis aqui algumas:

- perdão
- paciência
- amor incondicional
- caridade
- como amar
- inocência
- criatividade
- espiritualidade
- a importância da família
- como lidar com a má saúde
- disparidade

Ainda não é a sua hora

Quase todos selecionam duas ou três coisas diferentes que tentarão aperfeiçoar para que a vida que escolheram e as pessoas com quem irão interagir em cada encarnação possam ajudá-los. Aquele seu amigo chato talvez se tenha oferecido para interagir com você e aborrecê-lo a fim de lhe dar uma lição de paciência, por exemplo. Isso não foi bonito da parte dele? Agora, quem sabe você comece a encarar de maneira um pouco diferente as pessoas que o chateiam?

Uma de suas lições talvez seja aprender a viver com fôlego curto (se pediu uma vida na qual caminhe a passos mais lentos a fim de, por exemplo, apreciar melhor as pessoas que o cercam). Ou talvez tenha pedido um distúrbio auditivo de modo que consiga se concentrar em "ver as coisas" mais claramente, sem distração... Bem, você entendeu!

Muitos de nossos desafios são "escolhidos" antes de nascermos (no nível da alma, é claro!); ou então selecionamos antecipadamente um corpo que nos propiciará as condições necessárias à aquisição de certas habilidades imprescindíveis em nosso mundo. Reconheço que admitir isso já é um desafio; e, sei muito bem, inúmeras pessoas, não gostando nada do que veem no espelho, resmungarão: "Francamente... Quer que eu acredite mesmo que escolhi este corpo de propósito?". Sim: você escolheu um corpo para viver a vida que melhor absorvesse as lições que queria aprender. Lembre-se também de que, não importa como às vezes se sinta com relação a ele, seu corpo é uma dádiva. Cuide dele. Como minha querida mãe insiste sempre, há muita gente em pior situação que a nossa, e todos deveríamos nos sentir muito gratos pelo que recebemos.

Assim, talvez o mais importante seja perguntar a nós mesmos: "Por que escolhi, justamente agora, esta experiência em minha vida? O que preciso aprender com ela?". Algumas das pessoas mais notáveis que conheço têm problemas e deficiências físicas graves. Muitas (mas nem todas) são os seres espirituais mais evoluídos que vivem entre nós!

Os anjos, porém, reconhecem que nossos corpos podem ser uma provação e nos ajudam quando podem. Eu mesma padeci com constantes e intermináveis dores de cabeça; considero isso um dos maiores desafios que existem. Não é fácil manter um sorriso no rosto quando não se pode levantar da cama. Vários membros de minha família passam por esse trauma no momento e é como se eu sentisse a dor deles. A dor torna qualquer dia um dia triste. Você também conhece, sem dúvida, pessoas na mesma situação.

Vidas passadas e hipnoterapia

Os anjos parecem capazes de ajudar na maioria dos casos e conhecem curas verdadeiramente milagrosas. Às vezes, nossas doenças estão relacionadas a vidas anteriores... Sim, a viagens que nossas almas empreenderam a outras esferas e em outras linhas do tempo (mesmo na Terra). Muitas pessoas evocam vidas passadas espontaneamente (sobretudo crianças muito novas). Nisso, a hipnose também pode ajudar. Se você manca da perna direita e descobriu que numa existência anterior (durante uma guerra, por exemplo) foi ferido justamente ali, isso pode explicar muita coisa, não? Parece inacreditável, mas não são poucas as pessoas que encontram alívio e cura dessa maneira. Procure um hipnoterapeuta especializado em "regressão", se achar que ele pode ajudá-lo.

Os anjos são capazes de nos oferecer vislumbres de vidas passadas em sonhos (não os comuns) ou durante a meditação. Essa é uma maneira brilhante de alcançar outras esferas! Por que não tentar? Se você está doente ou preso em casa, aprenda um pouco mais sobre meditação: talvez ela deixe sua mente livre para você viajar sem o corpo. A internet é um bom lugar para começar a pesquisa.

Vida entre vidas e hipnoterapia

Há um novo tipo de tratamento do qual você talvez ainda não tenha ouvido falar: Vida entre Vidas ou VEV. É o lugar para onde vamos entre esta existência e a próxima, assunto que vem sendo investigado de várias maneiras. Muitos profissionais já usam a terapia VEV. O hipnoterapeuta mergulha o cliente nos níveis mais profundos de transe (hipnose). Alguns hipnoterapeutas, mais tradicionais, preferem não fazer isso, pois nos níveis profundos é que acontecem coisas "estranhas e misteriosas"! Mas deveriam fazê-lo porque a mente responsável pela consciência de nossos atos não desce até essas profundezas, onde reside a verdade! O terapeuta inexperiente teme chegar até lá; mas o experiente acha que essa é a parte da mente mais fascinante para explorar.

O terapeuta quase sempre irá "regredi-lo" (levá-lo de volta) a um tempo anterior de sua vida, recuando cada vez mais até você se sentir no ventre materno. As pessoas ficam perplexas ao constatar que se lembram de tudo o que aconteceu nesse período. Qualquer coisa que você fez, disse ou pensou está registrada de alguma forma e, fato curioso, pode ser evocada. Depois, o hipnoterapeuta o levará para uma vida passada e a explorará com a sua ajuda, até o momento em que você morreu. Surpreendentemente, essa não é a experiência assustadora que se imagina: morrer sob hipnose é em geral uma experiência positiva.

Depois que você está "morto", sua alma pode ser escoltada às esferas celestes por um anjo, guia ou parente falecido. Então, é comum as pessoas verem a vida há pouco encerrada desfilar diante de seus olhos. Muita gente por aí já teve uma experiência de "quase morte" (ou seja, quase morreram ou "morreram" e reviveram). Há pessoas que conseguem visualizar todo o seu passado. Durante as experiências de quase morte, a alma visualiza tudo o que lhe aconteceu e rememora todos os seus pensamentos e sentimentos, bem como as ações que praticou... Inclusive as que possam ter prejudicado ou reconfortado outras ao longo do caminho. Você precisa mesmo descobrir se ajudou seus semelhantes... Ou os magoou. Os elogios sinceros que teceu a um estranho talvez tenham sido uma das coisas mais importantes que aconteceram na vida dele (importantes espiritualmente). O transe hipnótico profundo pode reproduzir a experiência de quase morte e mostrar num relance toda a vida da pessoa.

Quem passou pela experiência de quase morte (real ou sob hipnose) costuma dizer que evocou fatos que julgava importantes, os quais, porém, no fim das contas não eram tanto assim. Amar e auxiliar os outros no sentido físico (em vez de simplesmente entregar donativos a instituições de caridade), dedicar-se, procurar ser útil – isso sim importa.

O terapeuta poderá lhe perguntar (estando você hipnotizado): "Por que escolheu esta vida? O que esperava aprender?", e daí por diante. Doutor Michael Newton e Dolores Cannon, escritores, ensinam a seus alunos essas técnicas. Se você sofreu um acidente ou adoeceu, isso sem dúvida é de seu interesse (sobretudo se estiver tentando superar a fase do "Por que eu?" após uma experiência de vida negativa).

O QUE ACONTECE QUANDO A SUA HORA AINDA NÃO CHEGOU?

Obviamente, uma experiência de "quase morte" só ocorre quando ainda *não* chegou a sua hora de partir. Os anjos da guarda ajudam muito em tais situações e sempre recebo histórias de pessoas que viram os seus nessas ocasiões de trauma físico. A proximidade da morte é um dos raros momentos em que *podemos* ver nossos anjos – mas não vá pensar que vê-los significa necessariamente morrer em breve. *Não significa...* Seu anjo pode ter aparecido apenas para assegurar-lhe que o está ajudando ou curando de alguma maneira, ou para tranquilizá-lo num momento em que seu estado mental (inconsciente) facilitou a visita dele, talvez pela primeira vez.

Por que algumas pessoas vivem e outras morrem? Há mesmo uma "hora" para nós ou tudo não passa de um capricho da natureza, de uma aleatoriedade? Os anjos podem mesmo salvar nossas vidas? Eis o encontro que Kirsty teve com eles.

Ainda não é a sua hora

Um anjo salvou a minha vida

Dei entrada no hospital com septicemia após ter um sonho/visão com parentes falecidos. Eles disseram que eu precisava me internar e que havia algo de muito grave comigo.

Eu tinha 23 anos quando fiquei grávida de meu filho. Sabia desde o começo que seria um menino: sonhara com um garotinho antes mesmo de descobrir que o estava esperando. O momento era ruim para mim porque sempre me haviam dito que eu não podia ter filhos devido a certos problemas de saúde. Insisti na gravidez apesar de os médicos me aconselharem o aborto. Não fiquei doente durante os nove meses; ao contrário, senti-me fisicamente muito bem, embora me preocupasse com o parto, é claro.

Chegou o dia e fui levada ao hospital. Tudo correu bem, o parto foi normal, mas tive problemas logo depois. A placenta não saíra, e a enfermeira me disse que eu precisaria fazer uma cirurgia para removê-la. Mas o médico chegou e afirmou que isso não seria necessário. Era o meu primeiro filho e sempre achamos que os médicos têm razão. Não fui para a sala de cirurgia; a placenta foi removida por partes, embora o médico não pudesse garantir que a removera completamente. Logo esqueci o caso e levei meu bebê para casa. Creio que ele foi meu pequeno milagre, uma dádiva dos anjos.

Não me sentia bem desde o parto, mas achei que isso fosse normal. Não sabia explicar o que acontecia: apenas alguma coisa dentro de mim estava errada.

Meu filho tinha somente três semanas quando fiquei doente, com o que pensei ser uma gripe. Acordei de manhã muito mal. Meu corpo inteiro estava tenso e doía; minha cabeça latejava. Fiz o óbvio: liguei para mamãe, que cuidou do bebê e me mandou logo para a cama a fim de repousar. Mas repousar me parecia impossível; eu continuava inquieta pelo bebê, embora soubesse que mamãe era perfeitamente capaz de cuidar dele. Uma hora depois, sentia-me tão mal que nem discuti: deitei-me.

Foi então que aconteceu uma coisa muito estranha. Não sei se estava sonhando ou acordada; não me lembro de haver adormecido e tenho certeza de que fora para a cama havia mais ou menos vinte minutos, pois consultara o relógio. Percebi rostos surgindo bem à minha frente, e a calma me dominou. Disseram que eu precisava ir para o hospital – e logo, pois havia algo de errado comigo. Tudo era muito vívido; não parecia um sonho. E, se adormeci, não me lembro de ter acordado.

O sonho/visão, fosse lá o que fosse, era tão real que me convenci prontamente da necessidade de ir mesmo para o hospital. Mamãe achou que eu estava me preocupando por nada; era inverno e muita gente contraíra gripe. Ela tinha de trabalhar, e uma amiga levou o bebê para sua casa; quando mamãe já ia saindo, pedi-lhe que ligasse para um médico. Ela ficaria fora durante horas, e eu teria de me virar sozinha. Concordou, embora achasse que não seria necessário. Resolveu não ir trabalhar naquele dia. Quando o doutor chegou, eu estava péssima, sentindo muita dor. Ele chamou uma ambulância e me encaminhou diretamente para a emergência.

Descobriu-se que eu tinha septicemia, e permaneci no hospital por um bom tempo. Comecei a ver penas brancas no assoalho do quarto – de onde viriam? Não havia ali travesseiros de penas nem nada semelhante; elas surgiam aparentemente do nada. Como a doença se complicou, fiquei sob os cuidados de um médico que conhecia bem.

Quando melhorei um pouco, conversamos longamente e ele me disse que, se o tratamento fosse iniciado mais tarde, eu teria morrido. Aquilo foi um choque para mim, sobretudo ao tomar conhecimento de que os médicos não acreditavam que eu fosse sobreviver. Devido às complicações, tive de fazer duas cirurgias de grande risco para salvar minhas pernas, que quase perdi. Levei quase um ano para me firmar com segurança nos pés – e precisei aprender a andar de novo.

Ainda não é a sua hora

Se os anjos não houvessem me advertido, hoje eu não estaria aqui. Se permitisse que mamãe fosse trabalhar naquele dia, eu não chegaria ao hospital a tempo. Foi a advertência dos anjos que me convenceu a buscar socorro. Meu filho está agora com dez anos e nunca me esquecerei de que eles me ajudaram durante a gravidez e depois salvaram minha vida. Esse bonito filho não foi o único milagre que me aconteceu. Minha fé sempre estará cada vez mais forte, tendo em vista tudo aquilo por que passamos. Jamais duvidarei da existência dos anjos.

Kirsty, Escócia

A leitura da história de Kirsty me comoveu realmente. Imagine se aquele bebezinho ficasse sem a mãe! É tênue a linha entre pedir ajuda e ignorar o médico quando achamos que nosso caso não é sério. Teria sido fácil registrar essa experiência como apenas um sonho. Talvez já seja tempo de prestar mais atenção aos nossos "sonhos", sobretudo quando nos lembramos deles nitidamente! (Mas não entre em pânico com o que acabo de dizer: a maioria dos sonhos é apenas uma mistura de nossas preocupações, de nossos medos e de nossas experiências.) Se você não tiver certeza de que o "sonho" é uma mensagem sobre sua saúde, investigue-o por uma questão de segurança.

Eis outro relato em que a hora da pessoa ainda *não* chegou... E ela é avisada disso em estado de inconsciência. Tirei o título da história de uma frase que os anjos costumam repetir frequentemente. Quando eles lhe disserem que sua hora ainda não chegou, acredite.

Ainda não é a sua hora

Aos 21 anos, eu era meio sem juízo e tinha uma bicicleta que mamãe detestava. Ela vivia dizendo: "Jeanie, não quero que você ande de bicicleta, um dia ainda vai se machucar". Mas eu nunca lhe dava atenção.

Aquela noite começou como qualquer outra. Uma típica noite de maio, quente e seca, e resolvi ir de bicicleta encontrar meu namorado, como fazia sempre. Infelizmente, sofri um acidente feio. Quebrei vários ossos e tive também ferimentos internos.

Na sala de cirurgia, passei por uma estranha experiência: vi-me retirada de meu corpo por um anjo maravilhosamente branco, brilhante e meigo. Não possuía asas, apenas uma aura clara e luminosa que o envolvia todo. Eu podia perceber bem seu rosto, seu cabelo e seus braços; e, quando ele me virou para baixo, vi a mim mesma na mesa de operação. O médico fazia manobras de ressuscitação... Sim, a coisa era grave.

O anjo me mostrou mamãe e outros familiares; notei que ela ainda estava de chinelos! Então, virando-me de lado, ele me falou; sua voz parecia o sussurro de uma brisa, mas eu podia ouvi-la claramente: "Ainda não chegou sua hora, Jeanie. Você tem um dom e deve usá-lo para ajudar e curar outras pessoas. Tem uma missão a cumprir". Envolveu-me de novo em seus braços e isso é tudo de que me lembro.

Quando saí da terapia intensiva, concluí que morrera durante a operação e o médico confirmou minha experiência. Disse: "Você tem um coração forte" e garantiu que eu me recuperaria completamente. Mais tarde, conversei com mamãe sobre o que me acontecera e ela guardou um longo silêncio antes de responder: "A mente prega peças às pessoas anestesiadas". No entanto, acreditou em mim quando lhe contei que a vira de chinelos e descrevi a roupa que ela usava no momento.

Ainda naquela noite, senti a presença dos anjos à minha volta. Percebi então que tinha de aprender muitas coisas sobre eles e comecei a estudar o assunto. Resolvi fazer um curso e procurei minha igreja local, dedicando-me bastante à tarefa. Tinha uma verdadeira sede de conhecimento e queria trazer os anjos para minha vida.

Ainda não é a sua hora

A experiência seguinte foi quando meu padrasto estava morrendo de câncer e eu não ignorava que logo deixaria seu corpo terreno. Em junho de 2004, foi levado para uma casa de repouso, pois, infelizmente, estava muito mal para que nós pudéssemos cuidar dele. Mamãe e eu decidimos ir à cidade fazer algumas compras antes de visitá-lo, mas eu disse que o melhor seria voltarmos logo porque pressentia que devíamos estar lá sem demora. Uma sensação de urgência me dominava.

Quando chegamos à casa de repouso, a enfermeira nos disse que ele havia falecido. Mas, quando entramos no quarto, vi-o (seu corpo espiritual) de pé ao lado da cama contemplando o cadáver. Virou-se e nos olhou; parecia envolto num halo luminoso. Aproximou-se de mamãe e, quando ela segurou sua mão mortal, suas mãos espirituais pousaram-lhe nos ombros; ele sorriu e, em seguida, diluiu-se na luz. O corpo físico jazia na cama, com um sorriso doce nos lábios. Eu murmurei então à mamãe: "Ele nos esperou. Não se foi até chegarmos, para nos dizer adeus".

Ainda tenho contato com o anjo que me salvou. Chama-se Salina e venho sendo conduzida por ele desde então. Fiz diversos cursos sobre anjos e montei meu próprio *website* dedicado ao assunto. Acredito que seja orientada por eles o tempo todo.

Jeanie, Inglaterra

Gostei de saber que, como aconteceu comigo, as experiências de Jeanie mudaram sua vida a ponto de ela agora ajudar pessoas que tiveram encontros angélicos.

Podemos ter as experiências mais bizarras quando estamos inconscientes. Parece então que a mente nos prega peças. Será? Pelo menos, ela nos leva a aprofundar mais a questão quando descobrimos que outros também tiveram "sonhos" e encontros semelhantes em estado de inconsciência. A parte divertida é quando apresentamos provas – como a visão que Jeanie teve dos chinelos da mãe.

Jacky Newcomb

Você não está sozinho. Creio firmemente que essas são visitas a esferas celestes ou a uma esfera intermediária. Quanto mais ouço falar de experiências parecidas, mais pontos em comum descubro nelas! Gosto mesmo de ler sobre as esferas ocultas – é bem mais divertido do que assistir a esses programas de TV que vivem expondo a intimidade doméstica das pessoas. Imagine ter vislumbres de outros mundos e dimensões! Ah, se pudéssemos levar nossas câmeras!

Agora é a vez de Steve relatar sua experiência – que, porém, não é inteiramente boa...

Lugar estranho

Há dois anos, tive um ataque cardíaco e fui declarado morto por trinta minutos. Os paramédicos, no entanto, conseguiram me ressuscitar. Impressionante! Depois de voltar à vida, permaneci três dias em coma, período durante o qual tive uma experiência curiosa...

No começo, eu caminhava por uma rua ou estrada, ao lado da qual se perfilavam pessoas de aparência grotesca. Pelas roupas, pareciam representar épocas diferentes da história, sobretudo o início do século XIX. As roupas eram, na verdade, trapos. Aquelas criaturas deviam estar sofrendo ou aterrorizadas e vagavam a esmo, sem no entanto conseguir me tocar. O local evocava as fotos das paisagens lunares, coloridas de preto e vermelho; a distância, eu via uma luz brilhando no que talvez fosse o horizonte.

Uma daquelas pessoas se aproximou de mim, vestindo trajes que só posso descrever como os dos atores dos filmes de Oliver Twist. Lembrou-me da personagem de Bill Sikes (a figura forte e agressiva do romance de Charles Dickens). Eu sabia que era uma personagem fictícia, mas os trajes e o rosto me pareceram muito semelhantes. Não me virei, embora sentisse a presença de algo atrás de mim.

Não me lembro de mais nada além de minha volta ao corpo e à consciência, no hospital. Ignoro se foi um sonho ou uma experiência real; mas, pesquisando na internet o que aconteceu

comigo, descobri que, aparentemente, o médium Edgar Cayce passou pela mesma coisa e descreveu o que viu. Então, não sei...
Steve, França

Fascinante, não? Edgar Cayce foi um famoso vidente americano que psicografou centenas de mensagens endereçadas aos seus consulentes. Também respondia a perguntas sobre doenças e outros assuntos, sugerindo inclusive métodos de cura (alguns dos quais com ingredientes que ele nunca poderia ter conhecido).

Steve e Edgar Cayce não são os únicos. Várias pessoas já viram jardins celestes maravilhosos, edifícios que lhes lembravam das imagens da Roma antiga, cores fabulosas que nunca conheceram na Terra e prédios de cristal! Você já visitou o Céu? Algum parente morto já o fez ter um vislumbre do outro lado? Então me escreva contando tudo!

ANJOS DE BEBÊS

Até os bebês que ainda não nasceram têm seus anjos da guarda, que também fazem milagres. A história seguinte é impressionante. Quem ajudou esse pequenino ainda no ventre da mãe?

BEBÊ MILAGROSO

Sou a tia coruja de três garotos: Spencer (4 anos), Jackson (3 anos) e Cameron (1 ano). Vou contar o que aconteceu à minha irmã durante a gravidez do mais novo, Cameron.

Quando soubemos que ela engravidara, ficamos supercontentes. Tanya já era mãe de dois meninos e parecia pronta para outro. Não tivera problemas com a gravidez de Spencer nem com a de Jackson, e a de agora ia correndo muito bem. Mas quando foi fazer a ultrassonografia de seis meses, recebeu notícias absolutamente inquietantes. Um especialista foi chamado para analisar a ultrassonografia e disse que ele revelava um cisto no cérebro de Cameron.

Outros exames foram feitos, pelos quais se viu que havia no cérebro do bebê algumas artérias pequenas demais para funcionar e que seus braços (antebraços, principalmente) eram um pouco menores que o normal. A conclusão apresentada a Tanya e ao marido, Cory, implicava que Cameron talvez tivesse problemas de desenvolvimento, muito provavelmente Síndrome de Down.

    Nem sei descrever o choque que abalou todo o meu corpo quando ouvi a notícia. Aquilo era absurdo, absolutamente devastador. Minha irmã achava que a causa do problema devia ser algo de errado que ela fizera durante a gravidez, mas, é claro, estava enganada.

    A família, os médicos e os especialistas lhe garantiram que a culpa não era dela. Explicamos-lhe que tudo acontece por um bom motivo e que, se o plano de Deus para Cameron era aquele, então não havia como fugir. Não havia lugar para tensão ou culpa. Minha irmã foi informada também de que talvez não conseguisse levar a gravidez até o fim, podendo mesmo perder o bebê. Estávamos todos abalados.

    Por ocasião dos exames do oitavo mês e meio, a ultrassonografia detectou que o cisto havia quase desaparecido, que o fluxo sanguíneo no cérebro parecia estar normal e que muito provavelmente Tanya levaria a gravidez a termo. Ficamos assombrados. Como pudera ocorrer semelhante reviravolta? Que interferência levara a esse impressionante resultado? Bem, era verdade que o bebê ainda não tinha nascido...

    A parte que me deixa ainda mais perplexa começa no dia em que Cameron nasceu: 14 de agosto de 2009. O significado dessa data é absolutamente incrível. Minha avó, Patricia Faye Wallis, enfrentou inúmeros problemas de saúde durante sua curta vida. Lutou com coragem e, apesar de entrar em coma após um grave derrame cerebral em julho de 2000, conseguiu murmurar suas últimas palavras – "Oi, Les" – para mamãe, sua ex-nora, antes de morrer. Todos sabíamos que ela não resistiria por muito tempo, e o falecimento ocorreu a 14 de agosto de 2000.

Minha avó era um anjo. Nunca a ouvi se queixar de dores. Riu e brincou comigo dois dias antes da cirurgia do coração! Minha família inteira tem saudade da minha avó e lembramos dela todos os dias. (Às vezes, podemos sentir o perfume que usava... Até nos lugares mais improváveis!) De qualquer forma, sua conexão com Cameron, num sentido mais lógico, é que ele nasceu exatamente nove anos depois que ela morreu.

E agora, a parte miraculosa: Cameron veio ao mundo sem nenhum sinal de problema no cérebro e pesando mais que os dois irmãos! Seus braços eram um pouquinho curtos, o que não prejudicou sua mobilidade nem o impediu de se alimentar normalmente. Isso, por si só, já é um milagre que nossa família agradece a vovó regularmente. Sabemos que foi ela quem interveio.

Outra reviravolta da história: quando Cameron foi fazer seu *check-up* de seis meses, minha irmã resolveu perguntar ao médico sobre uma pequena mancha que surgira acima do lábio superior dela e não desaparecera desde o nascimento do menino. Ela foi encaminhada ao dermatologista, que pediu uma biópsia dos tecidos da mancha acima do lábio e de outra que ela tinha na testa. O resultado chegou em poucos dias e revelou que as manchas eram constituídas de células de carcinoma (um tipo tratável de câncer de pele). Se Cameron não houvesse nascido ou mesmo se Tanya não houvesse engravidado dele, a mancha do lábio jamais teria sido examinada.

Se todos esses acontecimentos são coincidências... Então agradeço a Deus pelo fato de elas existirem. Mas acredito que foram obra de vovó, o anjo de Tanya, que protegeu minha irmã e meu sobrinho Cameron. Milagres acontecem. E não posso sequer imaginar minha vida sem anjos.

Jillian, Canadá

Não sou médica, mas essa "cura intrauterina" me parece inquestionavelmente miraculosa, quer tenha sido feita por um anjo ou não.

Anjos disfarçados

Você já viu um anjo disfarçado? Naturalmente, perguntará: "Mas, Jacky, quem pode saber se é mesmo um anjo e se está disfarçado?". Exatamente... Boa pergunta! Os anjos aparecem de várias maneiras; portanto, se quiser ver um deles, tem de estar alerta! Talvez você já tenha visto um e nem se tocou.

Esta mulher acredita que contou com a proteção de um anjo num momento delicado de sua vida. Um anjo disfarçado? Como a jovem soube disso na hora do perigo? Ele a orientou?

Salva por um anjo multicolorido?

Quando eu tinha 9 anos de idade, certa vez voltei da escola para casa e descobri que mamãe ainda não regressara do trabalho. Como fosse um bonito dia de verão, resolvi ir esperá-la no ponto de ônibus, onde ela sempre descia. Enquanto aguardava, notei que, a certa distância, um homem caminhava em minha direção, olhando sempre para trás e para os lados. Quando foi chegando mais perto, comecei a ficar um pouco inquieta, mais ainda porque a única pessoa à vista além dele era um cego na calçada oposta.

Bem naquele momento, um bonito passarinho pousou a cerca de um metro à minha frente e pôs-se a fitar-me. Sua plumagem era de várias cores, e eu nunca vira um igual antes. Fiquei prestando atenção momentaneamente ao pássaro, até ele voar. Nesse instante tive a sensação urgente de que precisava correr – e corri. Não sabia por que estava correndo, apenas obedecia a um impulso. Ao olhar para trás, vi que o homem também corria em meu encalço. Minhas perninhas curtas tremiam de medo, mas continuei em disparada até um transeunte perceber o que estava acontecendo e vir em meu auxílio. O homem imediatamente mudou de rumo e disparou em direção à praia.

    Quando, mais tarde, comunicamos o fato à polícia, fomos informados de que um pedófilo notório se enquadrava na descrição fornecida. Ultimamente, andava à solta na área e já tentara atrair uma garota para o seu carro, por ali mesmo, dois dias antes de minha experiência. Venho refletindo sobre o caso há anos e acredito firmemente que o exótico pássaro multicolorido era um anjo disfarçado.

Paula, Inglaterra

    Paula está certa, sem dúvida. Naquela situação, é improvável que se sentisse impelida a fugir: antes esperaria e se mostraria educada com o homem (pois não nos ensinam na infância: respeitem os adultos!?). Graças a Deus, ela escapou ilesa. Que maneira mágica e segura de ver um anjo!

ANIMAIS ANJOS

    Agora, uma brincadeirinha, só para distrair. Recebo muitas histórias sobre animais anjos... Ou sobre vidas humanas sendo salvas por bichos de uma forma misteriosa. Por isso, não resisto à tentação de citar mais algumas aqui.

    O ator Dick Van Dyke, lendário astro de *O calhambeque mágico* e *Mary Poppins*, contava ao entrevistador Craig Ferguson, num programa de TV, suas aventuras de barco em alto-mar. Disse que, certa vez, adormecera a bordo e, quando acordou, viu que se afastara muito da costa: perspectiva das mais assustadoras. E logo percebeu que não estava sozinho em meio às ondas, mas rodeado por barbatanas. Em princípio, receou que fosse morrer; ou afogado, ou devorado pelas criaturas que agitavam as barbatanas: as duas possibilidades lhe pareceram aterradoras!

    Mas nem tudo era o que parecia. "Tratava-se de toninhas", explicou. "E elas me empurraram até o cais." Virou-se então para o público e garantiu que falava sério: o fato acontecera realmente. Fora protegido naquele dia por anjos animais de uma natureza muito especial.

Esta é outra história fascinante. A *National Geographic* produziu um DVD sobre animais que, no mundo inteiro, já salvaram vidas humanas. O caso mais notável foi o de Levan Merritt, de 5 anos, que entrou numa jaula de gorilas no zoológico de Jersey em 1986. A família de Levan achou que ele estivesse perdido; mas não: um dos gorilas, Jambo, manteve os demais a distância até que o menino fosse retirado. Um passante filmou o incidente todo (você poderá assistir à cena no YouTube). Nela, vemos Jambo acariciar Levan ternamente. Magia pura.

Quando você quiser se divertir um pouco, entre no YouTube (em que há vídeos *on-line*) e veja um pouco da magia angélica no reino animal. Conheça os elefantes pintores da Tailândia – sim, eles existem! Cavaletes, latas de tinta e pincéis ficam a postos. Após mergulhar o pincel na tinta, o "assistente" humano do elefante passa-o para o animal amante da arte. Como seria de esperar, imagens abstratas não são problema – mas, espantosamente, os elefantes também pintam imagens realistas uns dos outros. É verdade: elefantes pintam figuras de outros elefantes, tanto quanto paisagens e até palavras humanas legíveis (ensinadas pelos adestradores). Vi o vídeo de um desenhando as palavras "Feliz Ano-Novo"!

Meu quadro favorito é o de três elefantes vistos de trás, a mãe no meio, ladeada por dois bebês... Com as caudas em fila. Quero esse quadro para mim! Os três vivem no Thai, Centro de Preservação de Elefantes. Seja como for, essas coisas me encantam... Como qualquer história de bichos.

Eis outra narrativa de vida salva... A última deste livro com animais. Judy é uma mestiça de collie com galgo que salvou a vida de sua dona. Carol Smith teve um ataque e caiu da cama. Jazendo no chão frio, às escuras, corria grande perigo e somente Judy, o bichinho de estimação da família, estava acordada e viu tudo. Dando a volta na cama até o lado onde dormia o marido de Carol, Judy pousou a pata em seu rosto, sacudindo-o várias vezes para que ele acordasse. Em seguida, voltou para junto da dona. Quando o senhor Smith se virou, não viu a esposa, mas achou que ela tivesse ido ao banheiro. Felizmente, a cadela, desempenhando suas funções de resgate, insistiu, e o marido de Carol por fim avistou a mulher no chão. Ela foi levada imediatamente para o hospital... Bem a tempo! Judy se revelou, sem dúvida, um verdadeiro anjo!

Os estranhos que são anjos

Se você vê um anjo, não sabe que é um anjo, certo? Eles não devem ter asas, auréolas e um halo em volta do corpo? Não necessariamente. Continue lendo.

Estranhos misteriosos

Você não morre, é claro. Ninguém morre.

A morte não existe. Você apenas atinge um novo

nível de visão, uma nova esfera de consciência,

um mundo novo e desconhecido.

— Henry Miller

Você leu livros e pode até ter vestido a camiseta com os dizeres "Protegido pelos anjos", nos quais acredita. Mas onde estão eles? Por que não conseguimos vê-los?

O ESPECTRO DE LUZ VISÍVEL

Em fevereiro de 2011, apareci no programa diurno da TV, *This Morning*, ao lado da celebridade "mística" Gloria Hunniford. Ambas fomos convidadas para dar entrevistas aos apresentadores Phillip Schofield e Holly Willoughby sobre nossas experiências e crença nos anjos. Uma das perguntas era: por que algumas pessoas veem anjos e outras não? É uma pergunta oportuna, até porque a maioria das pessoas não os vê. Os anjos existem fora do espectro "visível" de luz... Ou seja, visível para os humanos.

Estranhos misteriosos

Há uma imagem brilhante no *website* da Arthur Findlay Society, parte do curta-metragem intitulado *Where is the etheric world?* [Onde se localiza o mundo etéreo?]. O texto é tirado do livro de Findlay, *The rock of truth* [A rocha da verdade], e revela onde estão os anjos – ou, pelo menos, tenta.

Primeiro, devo explicar quem foi Arthur Findlay para aqueles que não o conhecem. Arthur Findlay, cavaleiro da Ordem do Império Britânico, viveu de 16 de maio de 1883 a 24 de julho de 1964. Na década de 1920, os cientistas descobriram que a chamada matéria sólida não é sólida absolutamente. Consiste de átomos que se subdividem em partículas ou ondas. (O tampo de sua mesa parece bastante sólido a olho nu, mas, como todos os outros objetos "sólidos", está realmente em movimento e cheio de buracos... Como um microscópio possante revelaria.)

Findlay acreditava que o mundo etérico (ou espiritual) é da mesma natureza das ondas de rádio: interpenetra o nosso mundo, mas está além da percepção humana, que é limitada. Escrevo um pouco sobre esse assunto em todos os meus livros; é confuso, mas no fim acabamos por entendê-lo.

Os "informantes" de Findlay, do outro lado, explicaram tudo a ele. E o gráfico no *website* da Findlay Society esclarece melhor a questão. A linha de cima a baixo da página representa o espectro de luz, tal qual o conhecemos até o momento. Divide-se em partes, e a porção central é aquela que conseguimos enxergar (as cores do arco-íris). A faixa luminosa visível aos humanos é bem pequena (a luz visível se fragmenta em cores de 34.000 a 64.000 ondas por polegada [2,54 cm] ou de 400 bilhões a 750 bilhões de ondas por segundo... Sei que você está quase dormindo, mas continue me acompanhando!).

Nem todas as pessoas conseguem ver todas as cores dentro daquilo que chamamos de alcance humano "normal". Algumas sofrem da "cegueira das cores", o que significa que veem uma faixa de luz ainda mais estreita (seus olhos confundem algumas cores, como, por exemplo, o rosa e o verde). As cores são apenas luz com comprimentos de onda diferentes.

De cada lado da estreita faixa central de luz visível, Findlay acrescentou as faixas ultravioleta e infravermelha (que, é claro, sabemos que existem e podem ser medidas cientificamente: elas são "reais"). E ao lado de cada uma delas (com vibrações mais rápidas ou mais lentas que não podemos perceber), existem ondas de calor, ondas curtas de rádio, micro-ondas e ondas longas de rádio. Além da faixa ultravioleta, estão o mundo etérico, os raios-X e as ondas gama. Faz sentido, não? Não faz? Está bem, mas tente não adormecer por enquanto.

Como essas faixas (acredita-se) são contíguas ao reduzido espectro que os humanos conseguem enxergar, pode haver pessoas que consigam percebê-las. Assim como algumas não veem certas faixas (têm um alcance visual limitado para as cores, conforme dissemos), parece provável que outras apresentem uma "coloriluminação" (palavra inventada por mim!) que as capacita a perceber um leque mais amplo do espectro luminoso. Dessa mesma forma é que temos os clarividentes, capazes de ver ou contatar o mundo etérico de vez em quando. Espere, já estamos quase lá!

A cegueira das cores é, na verdade, bastante complicada, mesmo porque varia de pessoa para pessoa. No tipo mais comum, há a dificuldade para distinguir o vermelho do verde; os cones (receptores de cores) dos olhos da pessoa que apresenta esse problema não são sensíveis a ondas de comprimento longo (vermelho). Quando não consegue ver o verde, isso significa que seus cones não são sensíveis a ondas de comprimento médio; e quando não consegue ver o azul, seus cones não são sensíveis a ondas de comprimento curto. Há também um pequeno grupo de pessoas que não enxergam cor alguma. Entendeu? Não?

Bem, cientificamente falando (se me é permitida tal expressão), as vibrações/esferas dos anjos se localizam bem perto das nossas, motivo pelo qual algumas vezes é possível vê-los! Findlay acreditava que a vida é contínua... E sei que ele tinha razão. Para mim os anjos, guias e entes queridos falecidos, permanecem nessa faixa etérica, vibrando em frequência cada vez maior. Quanto mais evoluída for a alma, mais alto ela residirá nessa faixa (embora "residir" não seja uma palavra boa, caro leitor, pois não quero dizer que vivam em casas; talvez "existir" fosse melhor).

Está bem, basta por enquanto! Não desejo de modo algum "cegar" você com esse papo científico.

Só para terminar: no fim da semana, os apresentadores de *This Morning* falam sobre a parte de que mais gostaram no programa de cada dia (os vídeos são adicionados ao seu *website*), e Holly Willoughby afirmou que o quadro dos anjos foi o seu favorito. Revelou até que encontrara uma pena branca de anjo em seu vestido naquele dia, antes do começo do programa. Estranha coincidência, não?

Você consegue ver anjos?

Seu corpo físico humano é que decide se você pode ver anjos ou não. Tudo depende da capacidade de seus olhos, conforme explicamos. Não é possível a ninguém apenas *querer* ver anjos e em seguida começar a vê-los. No entanto, você poderá aumentar sua chance de ver fisicamente seres de outras esferas... Pelo menos um pouquinho. A meditação ajuda muito – quanto mais você meditar, mais se capacitará a visitar essas esferas de alta vibração. Mudanças na consciência (quando a pessoa está em coma ou inconsciente, traumatizada ou mesmo doente, mas também pouco antes de adormecer ou acordar) podem, por um breve espaço de tempo, tornar visível a esfera angélica ou os próprios anjos. Boa parte de minhas comunicações ocorre quando estou dormindo (em estado de consciência alterada).

E então, você consegue ver anjos? Algumas pessoas veem luzes multicoloridas, estrelas faiscantes ou energia resplandecente quando eles aparecem. Talvez você seja afortunado o bastante para vê-los desse jeito. Outras, é verdade, podem captar a manifestação plena de um ser de luz (sorte ou apenas "bons olhos"? Quem sabe...?).

Você pode sentir os anjos?

Talvez você não consiga ver os anjos, mas senti-los. Quando um ser angélico penetra no espaço em volta de sua aura (o campo energético humano), você pode ter a sensação de sua presença. Sentimos toda espécie de coisas o tempo todo. Você pode convidar os anjos para sua vida (nunca intimá-los), pois isso funciona.

Os seres humanos, aparentemente, têm "eletrorrecepção" (ou "eletropercepção") limitada, embora muitos cientistas discordem de mim nesse ponto! A eletrorrecepção é a capacidade de sentir os campos elétricos. Algumas pessoas parecem capazes de captar o campo energético humano. Às vezes, quando alguém está por perto, sentimos sua presença (captamos seu campo energético) antes de vê-lo – sabemos que está atrás de nós ou nos observando porque, embora não o vejamos, conseguimos senti-lo.

Já sabemos que várias espécies de peixes, tubarões e raias podem perceber mudanças nos campos elétricos à sua volta. Certas espécies chegam a criar seus próprios campos elétricos. Infelizmente, sabemos pouco a respeito dos sentidos do corpo humano; nos próximos anos, pretendo aprofundar esse assunto.

Você pode sentir o cheiro dos anjos?

Por mais estranho que pareça, podemos mesmo sentir o cheiro dos anjos. Às vezes, eles trazem a dádiva do perfume. O aroma de belas flores é o mais comum. Mas cuidado! Nem todos conseguem senti-lo (como ocorre com a percepção visual, acima). O aroma pode ser forte somente para uma ou duas pessoas, enquanto os demais presentes, não sentindo nada, pensam que elas enlouqueceram!

Estranhos misteriosos

Você pode ouvir os anjos?

O som é, como todos sabem, uma forma de vibração. Badalar de sinos e coros angélicos podem muitas vezes ser ouvidos quando um anjo (ou anjos) está por perto, especialmente para acolher os mortos ou realizar uma cura. Em certas ocasiões, sobretudo nas emergências, as pessoas ouvem uma ou duas palavras estranhas. Falar não é um fenômeno natural para os anjos; eles se comunicam usando um tipo de telepatia, de modo que só proferem frases curtas: *Não se preocupe. Tudo acabará bem. Estamos aqui para ajudá-lo. Tudo está sob controle. Você sobreviverá.* E a expressão clássica: *Sua hora ainda não chegou.*

Nós supomos que escutamos apenas por intermédio de nossos ouvidos físicos; mas o som (especialmente em baixas frequências) também pode ser captado como vibrações transmitidas através do corpo pelo tato (o sentido da percepção da pressão). Em suma, podemos também *sentir* o som. Faça este teste: sente-se numa sala com mechas de algodão ou tampões nos ouvidos e coloque no máximo o volume do som até produzir um barulho infernal de bateria: você ouvirá esse som, pode crer!

Ainda sobre estranhos misteriosos

Encontrar um anjo é experiência que transforma a vida. Conviver com esse fenômeno é coisa bem diferente. Sei que alguns leitores dirão: "Jacky, você perdeu o foco?". Não, não perdi (embora meu marido possa discordar). Milhões – sim, milhões – de pessoas já passaram por experiências milagrosas e foram visitadas por anjos... Pelo menos uma vez. É sério: se você mantivesse um registro dos episódios mágicos em sua vida, ficaria surpreso ao constatar quantos desses fenômenos paranormais (fatos inexplicáveis pela ciência atual) já lhe ocorreram também.

Nós, humanos, ficamos atordoados com muita facilidade. Sem querer exagerar, não é preciso muito para "nos desligarmos". Algo estranho acontece e nós apenas fingimos que nada aconteceu, negamos o acontecido e recusamo-nos a acreditar que pudesse acontecer. Nem tentamos. Ocorre o mesmo quando recebemos más notícias. Qual é nossa resposta natural? "Não, não pode ser verdade..." Ou, como se diz nos filmes de ficção científica, nosso cérebro não processa informações incompatíveis com a ideia que fazemos do mundo. Algumas pessoas chegam, por assim dizer, a "desligar" a luz do dia (já viram alguém desmaiado após receber um choque elétrico?).

Que dizer então das visitas dos anjos, que são muito mais sutis? É tranquilizador acreditar que a coisa toda não passou de um sonho, pois nosso cérebro frágil aceita isso com muito mais facilidade.

Ocasionalmente, os anjos se apresentam como estranhos misteriosos em forma humana. Sem dúvida, nós os aceitamos melhor assim do que em sua aparência real, que talvez seja muito bizarra aos nossos olhos. Nem todos lembram as estátuas que criamos, mas muitas pessoas se sentem mais seguras diante das clássicas figuras humanizadas, brilhantes e providas de vastas asas brancas!

Seu anjo pode lhe aparecer como um transeunte comum ou um religioso. Pode também revestir as formas de uma criança ou mesmo de um animal. Você reconheceria seu anjo se ele lhe aparecesse assim? Bem, provavelmente não no começo. Mas, depois, talvez considerasse essa possibilidade. Foi um anjo que me salvou na estrada? Uma pessoa de carne e osso ou um anjo é que me afastou do perigo, livrou-me do acidente de carro, orientou-me e me conduziu em segurança para casa? Eu poderia continuar especulando assim por muito tempo.

A história seguinte foi postada no Facebook por Martin, que me deu permissão para reproduzi-la aqui (apenas com alguns cortes).

Carona

Gostaria de contar a todos vocês uma história verdadeira. Quando tinha 16 anos (hoje tenho 45), um amigo, Fergus, perguntou-me se eu queria acompanhá-lo numa viagem de carona pela França durante duas semanas. Eu acabara de sair da escola, ainda não começara a trabalhar e, apenas com o dinheirinho de um bico de fim de semana, concordei. Não vou relatar tudo o que aconteceu nas duas semanas, mas nem é preciso dizer que foi uma loucura: o que se pode esperar de dois rapazes de 16 anos a não ser muita diversão?

Darei um salto. Estávamos na última sexta-feira da viagem, já tendo ido a Saint-Tropez (graças ao poder de nossos polegares). Deveríamos estar de volta ao Reino Unido na segunda e, naquela manhã, não conseguíamos pegar carona nenhuma juntos. Um pouco ingenuamente, resolvemos nos separar e nos encontrar em Paris, numa das estações ferroviárias centrais.

Meu amigo foi para a rodovia e eu fiquei numa estrada secundária. Naquele tempo não havia celulares, caixas eletrônicos, lan houses... E muito menos e-mails. Como bem se pode imaginar, eu estava com medo. Dizer que aquela situação era meu Everest é dizer pouco, mas mesmo assim fui em frente. Em vez de resmungar: "Não conseguiremos nos encontrar na estação", concentrei-me naquilo que queria, ou seja, uma carona. Mantive essa ideia fixa na cabeça e não me permiti pensar que algo pudesse dar errado. Paris estava a cerca de um dia de viagem, centenas e centenas de quilômetros dali.

Continuei esperando e, uns quarenta minutos depois, um sujeito parou o carro e me ofereceu carona. Aceitei e agradeci, e ele me perguntou para onde estava indo. Quando respondi que para Paris, ele disse apenas: "Sem problemas, eu também". Sem problemas mesmo: o homem não só me convidou para o almoço como me levou até a estação ao fim da longa viagem. Não quis nem pediu nada em troca.

Passei a noite sob um abrigo de ônibus, pois meu amigo só chegou no dia seguinte. Pulara de trem em trem para chegar a Paris e mal podia acreditar na minha história. Até hoje me sinto impressionado com a força do pensamento!

Martin foi bastante gentil ao me permitir reproduzir sua história e acrescentou este PS:

> Estou pensativo e até nostálgico: durante essa mesma viagem, um dia meu amigo Fergus e eu descemos num pedágio, na entrada de uma rodovia. Era tarde e armamos nossa barraca atrás de uns arbustos, não longe dos banheiros públicos. À noite, fui acordado por um barulho. Era uma turma de ciclistas fazendo a maior bagunça no estacionamento perto de nossa barraca. Sinceramente, pensei que fosse morrer, mas algo dentro de mim me garantiu que ficaríamos bem – e acreditei. O barulho e os gritos dos baderneiros se foram e, na manhã seguinte, vimos manchas de sangue no estacionamento e nos banheiros! Por alguma razão inexplicável, fomos deixados em paz. Acho que meu anjo estava gostando de passear pela França comigo!
> **Martin, Inglaterra (França!)**

Se os anjos ajudaram nessas situações, preferiram permanecer invisíveis... Ou não? Quem era o gentil motorista que pagou o almoço? Talvez um pai com um filho da mesma idade, que teve pena do rapaz... Ou talvez não.

E agora, outra história sobre as tais vozes misteriosas. Esta se passa na Austrália.

Anjo bombeiro

Quero lhe contar o que me aconteceu. Em 1986, meu marido, nossos três filhos (Michael, de oito anos, e os gêmeos Mark e Kristy, de dois) e eu saímos de férias em nosso velho furgão. Na parte de trás do veículo, havia uma bateria extra para alimentar o televisor e a geladeira. À noite, dormíamos todos numa grande barraca.

Naquela tarde, fomos tomar banho. O banheiro era no alto do estacionamento onde deixávamos o furgão. Após o banho, eu só queria uma boa xícara de chá. O dia fora cansativo, e os gêmeos acabaram adormecendo no veículo; para não perturbá-los, deixei-os ali mesmo, pensando em mais tarde arrumar suas camas... E preparar o chá!

Quando meu marido, Michael e eu tomávamos o chá, uma voz em minha cabeça bradou em tom de urgência: "Linda, os meninos!". Levantando-me de um salto, corri para o carro – e para meu horror a bateria extra, talvez por causa do superaquecimento, estava pegando fogo. Gritei para Steve e rapidamente tiramos os gêmeos do furgão. Depois, jogamos fora a bateria queimada.

Somente mais tarde me lembrei da voz em minha cabeça, concluindo que ela salvara a vida dos gêmeos. Parecera-me familiar, não sei por quê. Mas, fosse de quem fosse, sempre lhe serei grata.

Linda, Austrália

De novo um anjo ou outra coisa? Aí vão mais algumas histórias, cada qual intrigante à sua maneira! Há telefones no céu? Vejamos.

Número errado?

Eu era muito apegada à minha mãe e confiava muito em seus conselhos, em sua ajuda. Sofro de dores crônicas e, quando ela era viva, eu lhe telefonava sempre que tinha uma crise ou estava deprimida. Ela então me dava um "abraço telefônico" para me confortar.

Um dia, muito tempo depois de sua morte, estando meu marido no trabalho, eu literalmente fiquei paralisada no banheiro: meu quadril artrítico travou e precisei me sentar ali mesmo, no chão, de olhos arregalados e gritando: "Mamãe, gostaria que você viesse aqui!".

Naquela noite, meu marido e eu fomos despertados pelo toque do telefone. Eram duas horas da manhã. Levantei-me e fui atender. Um homem perguntou por "Brenda", que não é o meu nome. Eu deveria ter ficado irritada por me acordarem tão tarde, mas não fiquei.

De volta à cama, estranhei que o aparelho não houvesse acionado a caixa postal depois de três toques. Normalmente, meu marido atende às chamadas, pois é mais rápido que eu – e concluí que os anjos haviam dado o número errado só para me reconfortar. O homem perguntara por Brenda e – adivinhem! – Brenda era o nome de minha mãe! Mergulhei num sono tranquilo, sabendo que ela ainda estava por perto.

Amanda, Inglaterra

Telefones vão aparecer agora em muitas histórias. A tecnologia finalmente chegou ao outro lado?

TELEFONES NO CÉU

Meu filho Regan faleceu com apenas 16 anos. Quem perdeu um filho sabe: esse é um trauma que ninguém consegue superar completamente. Primeiro é o choque terrível e a pessoa se fecha em si mesma; mas depois começa a se perguntar se seu ente querido está bem, em segurança. Será que foi para o céu?

Há pouco, tive um sonho estranho. Acabara de adormecer quando o telefone tocou. Atendi: era Regan. E ele me disse: "Oi, mamãe!".

Fiquei perplexa porque pensava estar dormindo e aquilo parecia absolutamente real. Perguntei: "É você, Reg? De onde está ligando?". E ele: "Do céu, mamãe. Aqui também tem telefone".

Eu não podia acreditar no que estava acontecendo. Era a minha chance de perguntar ao meu filho tudo o que queria lhe perguntar quando ele morreu.

"Você quis fazer o que fez?"

"Não!", respondeu ele prontamente. "Tentei parar, mas não deu tempo." Continuamos conversando, e mais adiante, no sonho, ele passou a falar de dentro da lavadora! Disse: "Mamãe, agora estou aqui!". Foi como se quisesse esclarecer que não precisava de telefone, pois estava em todos os lugares. Foi um sonho muito real.

Marilyn, Nova Zelândia

Estranhos misteriosos

E foi mesmo! Os sonhos comuns com entes queridos constituem uma experiência muito diferente dessa. Marilyn foi visitada em sonho – uma visita real do espírito de seu filho, enquanto ela dormia. Estava completamente lúcida o tempo todo e até fez as perguntas que a vinham incomodando.

Nossos entes queridos estão em toda parte, como muito bem explicou Regan. Há telefones no céu? Talvez. Após anos de pesquisa, hoje sei a diferença entre um sonho e uma visita, que nem todos percebem no começo. Você é a pessoa indicada para decidir, se já teve uma experiência (ou encontro) semelhante. Digamos que corria perigo e alguém salvou sua vida: importa muito se a experiência foi real ou imaginária. Vimos que os anjos podem aparecer como parte de um sonho. Dê sua opinião sobre a história seguinte.

Carregada no ar...

Uma noite, há alguns anos, meu marido e eu dormíamos num hotel. Acordei e percebi que o cobertor estava enrolado em meu corpo enquanto eu era levada para a porta do quarto e colocada no chão. Lembro-me também de ter gritado "não" bem alto. Meu marido despertou e perguntou o que acontecera. Eu não soube explicar, talvez por estar ainda em choque, e voltamos para a cama.

Na manhã seguinte, descobrimos que pessoas desconhecidas haviam entrado no quarto e roubado o televisor e meu celular, entre outras coisas. Concluí então que meu anjo da guarda nos protegera. A sensação de estar sendo erguida e carregada no ar me despertara e meu grito espantara os ladrões. Uma experiência estranha... E um pouco assustadora! Em princípio, pensei que sonhara, mas hoje sei que foi bem mais que isso!

Salome, África do Sul

Ocorrem muitas experiências angélicas quando as pessoas estão na cama... Às vezes para salvá-las, como na história de Salome. E nos fazem perguntar se dormir é mesmo uma prática segura, afinal de contas! A história de Claire é inquietante.

Anjo de fumaça

Eu morava com minha mãe viúva. Uma noite, estava dormindo quando fui acordada pelo que pensei ser uma espécie de vapor ao lado da cama. No meio da nuvem, distingui uma figura que lembrava Nossa Senhora (sou católica, e essa é a única maneira que encontro para descrever o que vi na ocasião). Fiquei atônita, mas não amedrontada.

Então comecei a perceber que o vapor não era vapor, mas fumaça! A figura, em tamanho natural e com as mãos estendidas, tinha asas. Saltei da cama e corri para o quarto de minha mãe, que também estava cheio de fumaça. Ela dormia profundamente, mas consegui acordá-la sem demora.

Ao olhar para sua cama, vi que o cobertor elétrico tinha pegado fogo. Telefonei para os bombeiros, que chegaram logo e a salvaram. Felizmente, havíamos percebido o incêndio a tempo.

Sou casada há 28 anos, e isso ocorreu há cerca de 30, quando eu era solteira.

Contei a história daquela noite a meus filhos, mas sempre acho que as pessoas vão rir de mim se eu lhes disser que alguém me despertou e esse alguém era Nossa Senhora. Foi ela que eu vi, mas recentemente descobri os anjos e acho que a figura bem poderia ser o meu anjo da guarda... Ou o de mamãe, velando por nós na ocasião. Normalmente tenho sono profundo e com quase certeza não perceberia a fumaça.

Claire, Escócia

Se você tem um cobertor elétrico, já o examinou recentemente? Lembre-se de que eles não duram muito tempo e precisam ser substituídos quando terminado o prazo de validade. Sempre desligue o seu quando for para a cama. Uma de minhas amigas não teve a mesma sorte e o fogo provocado pelo cobertor elétrico consumiu metade de sua casa! Felizmente, Claire e a mãe foram salvas graças à mulher que apareceu no meio da fumaça. E agora, outra história.

CHÁ NO CÉU

Certa noite, sonhei que tomava chá com minha sogra, falecida recentemente. Eu sabia que ela estava morta e ali havia também pessoas que eu nunca vira. Perguntei-lhes se podiam tomar chá depois de mortas. Essa é a única parte da conversa de que me lembro. Minha sogra reapareceu em outro sonho, acompanhada por minha avó paterna – e, de novo, eu sabia que ambas estavam mortas.

Os espíritos fazem tudo o que faziam na Terra, até "vestir roupas". Essas coisas são reconfortantes para os mortos e ajudam na transição inicial do corpo humano para o estado espiritual. Com o tempo, eles acabam aceitando que agora são espíritos (energia luminosa) e não precisam mais nem de roupas, nem de comida.

Eis outra carta. Cristina tem a oportunidade de dizer adeus a um membro da família.

O ÚLTIMO ADEUS DE VOVÓ

Entrei em seu *website* e fiquei comovida, achando que talvez eu não esteja sozinha, afinal de contas.

Minha avó faleceu quando eu tinha 19 anos e, dias depois, sonhei que ela vinha à casa de meus pais, com quem eu morava na época. No sonho, tudo era luminoso e vívido... Muito colorido, como se a luz do sol invadisse a casa inteira. Ao fundo, ouvia-se uma linda música.

A experiência me deu a sensação de felicidade total. Ela vestia uma roupa amarela de executiva e segurava uma maleta. Sorria. Pousou a maleta no chão e me deu um forte abraço, explicando que viera apenas para dizer adeus, pois precisava ir embora. Eu me sentia segura e alegre. Então, acordei.

Vejam que experiência mais cheia de vida! Ao longo dos anos, tenho sabido de vários avós que aparecem em sonhos, trazendo suas valises, para dizer aos netos que estão partindo! Cristina continua a história narrando-me outra visitação em sonhos, agora de seu avô.

UM PAPO COM VOVÔ

Meses depois, meu filho deu entrada no hospital a fim de remover um tubo traqueal (fizera uma traqueotomia como recurso auxiliar para uma cirurgia múltipla). Foi então que tive outro sonho. Como no anterior, tudo era brilhante, vívido e colorido. Lembro-me das roupas que vovô vestia e de sua aparência saudável. A cena era muito real; ele estava sentado em sua poltrona favorita, com aquelas roupas... Mas sem os óculos.

Perguntou-me como ia meu filho Gabe, e eu disse que bem, tendo já removido o tubo. Essa resposta deixou-o felicíssimo! Sorriu de leve e me garantiu que aquilo era ótimo e que Gabe realmente não precisava mais do tubo. Lembro-me da sensação de felicidade e calor humano que me dominou. Vovô então me deu um abraço e se foi.

Eis a carta impressionante que Alison me enviou e que me lembra uma história de minha própria família. Vou reproduzi-la para vocês.

A ÚLTIMA DANÇA

Sonhei que me "casava" de novo com meu marido (estávamos juntos fazia vinte anos e havíamos renovado os votos algum tempo antes). Não me lembro da cerimônia no sonho, apenas da festa mais tarde. Era bastante tradicional: mamãe de um lado, papai de outro. Eu sabia que papai estava "de visita", o que me deixava muito feliz, mas também que ele não poderia se demorar.

De repente, o DJ tocou "New York, New York", com Frank Sinatra; corri, agarrei a mão de papai e arrastei-o para a pista de dança. Foi a melhor dança de nossas vidas! Fato curioso, eu não dançara com papai em meu casamento real, pois ele não comparecera à festa. Lembro-me de ter pensado no sonho: "Nem quero saber se este é o momento certo para uma 'dança de pai e filha'. Não vou perder a oportunidade!".

Experiência maravilhosa. Sentia-me abençoada. Sabia que papai sempre estivera por perto e sempre estaria.

Meu próprio pai era um grande dançarino de salão e, depois que morreu, duas de minhas irmãs tiveram visitações em sonhos em que ele as tirava para dançar. Ambas me disseram que era muito agradável sentir seu toque físico, embora estivesse morto. Espero que um dia papai me faça também uma visita dessas, para dançarmos juntos. (Ele já me visitou várias vezes depois que faleceu, mas não para dançar.)

Paul, o editor da revista *Eternal Spirit*, enviou-me este interessante relato que mostra que nossos parentes de fato sabem quando nossa hora chegará. Bert estava no hospital, moribundo, e parece que na ocasião sua mãe falecida foi quem lhe comunicou que ele logo morreria (de outro modo, acho que esse tipo de informação seria um pouco aterrorizante!).

AINDA NÃO É HORA

Voltei na noite passada do funeral de meu tio Bert, que ocorreu em Somerset. Pouco antes de morrer, no hospital, ele ora perdia, ora recuperava a consciência. Contou à filha adotiva que fora se encontrar com a mãe (falecida), mas ela mandara dizer que "não estava" e que ele teria de voltar depois de quatro dias. E de fato meu tio morreu no quarto dia. Fascinante, não?

Gosto de saber que os mortos podem nos dar pistas do que irá acontecer em nossas vidas, mesmo não sendo essa a sua intenção.

UM BELO CÉU AZUL

Em 1999, quase morri de ataque cardíaco. As pessoas dizem que veem uma luz no fim de um túnel. Eu, não. O que vi foi um belo céu azul, como quando viajamos de avião. Uma voz (não era de homem nem de mulher – é difícil explicar) me disse então que minha filha teria uma menina. Assim, quando me recuperei e minha filha Brandy me contou que estava grávida, eu lhe disse que o bebê seria uma menina, embora três ultrassons houvessem revelado que seria um menino.

Duas semanas antes do parto, Brandy e eu conversamos a respeito. Ela disse que, se eu quisesse uma neta, deveria recorrer à sua irmã e ao seu irmão. Você precisava ver a cara dela quando Paige nasceu: uma menina, tal como a "voz" me confidenciara!

Os ultrassons são ótimos para revelar com antecedência o sexo de um bebê, mas nem sempre acertam na mosca. Felizmente, no caso de minha filha, a predição (confirmada pela declaração de seu avô) de que ela teria uma menina estava correta. Hoje, as pessoas se precipitam em comprar roupinhas cor de rosa (para meninas) ou azuis (para meninos) quando engravidam (pelo menos em minha parte do mundo).

"MORTOS" COM BOA APARÊNCIA

É comum, visitando-nos em sonhos, entes queridos parecerem mais jovens do que eram quando morreram. Talvez o façam para mostrar que estão em boa forma depois de despir seu corpo terreno. Papai e seu irmão Eric se apresentaram a mim bem mais novos que em vida, embora, em princípio, o tio Eric chegasse careca, o que provocou muitos risos da parte dos irmãos, quando me visitaram em sonhos. A meu ver, pensaram que eu não reconheceria um tio de aparência mais jovem.

Aí vai a história de Pauline, que aborda o mesmo fenômeno.

JOVEM DE NOVO

A irmã mais nova de mamãe era minha tia favorita. Não nos víamos com frequência, pois ela se mudava muito, mas meu amor por ela nunca diminuiu. Anos depois, ela me confessou que eu também era sua sobrinha favorita. Logo depois de completar 80 anos, ela desenvolveu o Mal de Alzheimer. Nessa época, ela morava a cerca de três horas de carro de nossa casa, e meu marido, deficiente, não podia mais dirigir por tanto tempo. Como eu mesma não dirijo, era muito difícil para mim ir visitá-la.

Quando ela faleceu, alimentei a esperança de sentir sua presença. Era sensitiva, como eu; muitas vezes sinto que meus pais e minha avó estão por perto, mas nunca sentira a presença de minha tia; receava até que ela houvesse ficado aborrecida por eu não ter ido visitá-la.

Há alguns meses, tive um bonito sonho. O tipo de sonho que mais tarde percebemos que não foi apenas um sonho. Nele, eu contemplava uma paisagem quando, de repente, minha tia apareceu a distância. Estava exatamente como na foto que tenho dela, no começo dos vinte anos, trajando as roupas da época, logo após a Segunda Guerra Mundial. Tinha belos olhos azuis, que eu conseguia ver nitidamente. Era ela, sem dúvida! Correu para mim de braços abertos e me abraçou. E eu não a conhecera quando ela era assim tão jovem.

CONHECIMENTO SECRETO

Gosto de histórias em que entes queridos já mortos levam seus parentes vivos para uma visita em sonhos. No sonho de *Dawn*, há livros que parecem os livros da vida (também conhecidos como "Registros Akáshicos" ou "Galeria de Registros/Sabedoria" – um livro ou biblioteca que contém o conhecimento de toda a experiência humana). São lugares reais nas esferas celestes que várias pessoas têm descrito em diversas ocasiões, ao longo dos anos.

O LIVRO DO CONHECIMENTO

Minha babá me levou ao mundo espiritual, enquanto eu dormia, para ver alguma coisa na galeria do conhecimento. Mostrou-me uns livros que eu já conhecia e depois outros que também chamaram minha atenção. Abri-os e, embora estivessem escritos em hebraico, eu conseguia entender cada palavra neles impressa.

O lugar não se parecia com uma sala. Era apenas um espaço branco. Todos aqueles livros e todas aquelas informações giravam no ar. Vi outros espíritos por ali, mas apenas a "sugestão" de uma figura que brilhava de energia puríssima.

Os livros do conhecimento usualmente descrevem a jornada humana na Terra. Neles, podemos ler tudo o que fizemos aqui e, coisa estranha, tudo o que dissemos e pensamos. Aquilo me fez perceber como é importante sermos gentis com as pessoas que nos cercam. Se todos os nossos pensamentos e ações são registrados, esperemos que um belo dia, quando passarmos em revista nossas vidas, possamos nos orgulhar do que fizemos, dissemos e pensamos...

Em minha caixa postal, há tantos relatos impressionantes sobre a profissão médica que vale a pena reservar-lhes um capítulo inteiro. Fiquei pasma – e vocês também ficarão!

Enfermeira espiritual

A morte... é o derradeiro sono?

Não, é o derradeiro despertar.

— *Sir Walter Scott*

Dou palestras e seminários por todo o país. Por algum motivo, meus seminários estão sempre cheios de enfermeiras e outros profissionais da saúde. Essas belas almas nunca deixam de procurar novos meios de cuidar bem de seus pacientes e tranquilizá-los, esforçando-se, inclusive, para aprender sobre comunicação com o outro mundo.

Ainda bem que existem enfermeiras. Mas você sabe que eu também recebo histórias de "enfermeiras espirituais" – aquelas que não vivem mais num corpo deste lado da vida, pelo menos. Parece que o interesse em cuidar das pessoas não desaparece nunca, assim o vínculo entre enfermeiras e pacientes é difícil de se romper. Uma vez curador, sempre curador, penso eu (falaremos sobre isso mais adiante).

BERÇOS CELESTES

Tragicamente, muitos bebês nunca conseguem abrir caminho para este lado da vida ou então falecem logo depois de nascer. Acho que almas novas, ao tentar experimentar a vida na Terra pela primeira vez, resolvem fazer um teste vivendo só um pouquinho e escolhem pais que as amarão muito, embora sua estadia seja breve.

Enfermeira espiritual

Eventualmente, as mesmas almas retornam em corpos novos, na mesma família ou numa família amiga, quando se sentem prontas para nascer outra vez (já vi histórias que parecem confirmar isso).

Nossos entes queridos, do outro lado da vida, cuidam por nós desses bebês muito novos que estão na esfera celeste. Um bebê sempre recebe os cuidados de uma enfermeira espiritual (uma alma com experiência em tratar de jovens ou um parente, quase sempre uma avó).

Se você já se perguntou se seus entes queridos convivem no céu, saiba que sim. Garanto-lhe: eles (especialmente bebês e crianças) são sempre bem cuidados no além, embora não hajam permanecido aqui.

Eis a história de Melisa.

UMA TRAGÉDIA SUPERADA COM A AJUDA DE MINHA BABÁ ANGÉLICA

Domingo de Páscoa, 31 de março de 1991: com 26 semanas de gravidez, dei à luz meu primeiro filho. Eu sabia que ele nasceria morto, pois os médicos precisaram induzir o parto por causa de complicações. Mas, ainda assim, eu estava de coração partido. Meu primogênito não sobrevivera.

As enfermeiras não permitiram que eu o visse por achar que não estava em condições de suportar o choque. No entanto, meu marido, Steve, viu-o e disse que era lindo. Isso não chegou a me consolar, porém. O pastor apareceu no dia seguinte para organizar o funeral, e dei ao bebê o nome bíblico Lucas.

Foi sepultado no cemitério infantil, num pequenino caixão branco rodeado de flores azuis e tendo ao lado um ursinho de pelúcia. Não consegui chorar; não podia também ligar uma imagem ao meu bebê, pois nunca o vira. (Mas chorei muito durante as semanas que precederam o parto, quando já sabia que ele provavelmente não iria sobreviver.)

Uma semana depois, voltamos ao hospital, onde nos disseram que Lucas tivera Síndrome de Down, além de outras complicações.

Durante meses, sonhei que meu filho era um monstro, e Steve não conseguia me convencer do contrário.

Um tanto chocada, descobri que estava novamente grávida depois de apenas um mês e, como seria de esperar, fiquei aterrada ante a perspectiva de tudo dar errado de novo. Uma noite, Steve me encontrou sentada na cama, chorando, e perguntou do que se tratava. Contei-lhe que acordara de um sonho no qual minha babá, falecida um ano antes, trazia Lucas para me mostrar. Colocara-o em meus braços e eu o embalara ternamente. Meu bebê sorria para mim e era realmente lindo... Não o monstro que eu imaginara. A babá me aconselhou a não me preocupar com Lucas, pois estava cuidando dele para mim no céu. Então, tirou-o de meus braços e saiu do quarto.

Não creio que Steve tenha acreditado que isso realmente aconteceu comigo, mas eu acreditei. Fora uma experiência real. Agora eu sabia que meu filho não era um monstro, e sim um anjo cercado de cuidados, o que me consolava bastante.

A boa notícia é que no mês de abril seguinte dei à luz um bebê saudável de 4,5 kg. Desde então, vários médiuns já me disseram que ele é sensível ao mundo psíquico, como a mãe, e que tem por anjo da guarda seu irmão Lucas.

Numa sessão espírita em Norwich, recebi uma mensagem de mamãe, falecida em 1993. Quando o médium me falou sobre meu filho, eu lhe contei que nunca o vira, mas mamãe me lembrou de que isso acontecera sim, pois ela própria o trouxera e o colocara em meus braços. Tinha razão. Fiquei perplexa: como o médium poderia saber daquilo?

Recentemente meu filho, hoje com 18 anos, envolveu-se num acidente de carro. Contou-me que, deitado no hospital, sentiu como se estivesse sendo erguido do corpo e viu, em redor, vários anjos. Sofreu fraturas nas costelas, além de danos no pulmão e no rim. Os médicos disseram que teve sorte em sobreviver.

Enfermeira espiritual

Naquela noite, pedi aos anjos que aliviassem a sua dor e, imediatamente, senti uma pontada no lado direito, aquele que ele machucara. Na manhã seguinte, fomos ao hospital e meu filho já estava de pé, pronto para voltar para casa. Não pude acreditar no que via; quando o deixáramos, ele estava no oxigênio, ligado a várias máquinas. Milagres acontecem mesmo, não?

Melisa, Inglaterra

Será que o anjo da guarda do rapaz, seu irmão mais velho, Lucas, teve alguma coisa a ver com isso?

Agora, outro espírito prestimoso, um parente. Quem estava ao lado da cama? A história me chegou por e-mail.

Vovó ao lado da cama

Terminei de ler mais um de seus livros inspiracionais e achei oportuno enviar-lhe uma história que me aconteceu. Em agosto de 1996, fiquei doente de súbito e precisei me internar. Os exames de emergência revelaram um tumor enorme no ovário e na trompa de Falópio, tão grande que estava quase cobrindo o útero. Disseram-me que eu seria operada já na manhã seguinte e teria de assinar um formulário de autorização para uma histerectomia completa, caso fosse necessária.

Eu tinha 26 anos e estava noiva; a ideia de perder meu útero e nunca mais poder ter filhos era devastadora, mas precisava aceitar que não havia opção. Assinei os papéis e, na manhã seguinte, fui preparada para a cirurgia.

O anestesista apareceu e me aterrorizou. Disse que, como se tratava de uma emergência e não eu não tivera tempo de parar de tomar a pílula anticoncepcional, talvez houvesse algum problema com a coagulação de meu sangue – portanto, a cirurgia poderia pôr minha vida em risco. Fiquei absolutamente chocada, assim como a enfermeira que ouviu o anestesista. Ela o acompanhou para fora do quarto e graças a Deus, em poucos minutos, meu pai estava ao meu lado para me tranquilizar.

Após a operação, lembro-me de ter atravessado um nevoeiro, sentindo muita dor, a ponto de quase não conseguir me mover. Então alguém disse: "Aperte o botão". Instintivamente, comprimi o dedo contra algo que segurava na mão (mais tarde soube que estava ligada a um tubo de morfina, que é administrada na dose certa quando se aperta um botão). A voz prosseguiu: "Olhe". Virei a cabeça para a direita e, entre as duas mesinhas com flores que ladeavam minha cama, lá estava minha avó, Daisy, falecida quando eu tinha 7 anos de idade. Ela me deu o mais belo dos sorrisos e fez um leve aceno de cabeça antes de desaparecer. No mesmo instante, eu soube que iria ficar bem, pois meus anjos velavam por mim. Algumas pessoas dirão que aquilo foram alucinações provocadas pela morfina; mas não, ela estava mesmo lá, garantindo-me que tudo daria certo.

Recentemente, estive numa sessão espírita, e o médium me pôs em contato com vovó. Na mensagem, ela disse que continuava me protegendo tal qual fizera quando eu a vira no hospital. Não é assombroso? Nunca duvidei de que vovó esteve comigo naquele dia, oferecendo-me seu amor, sua força e seu apoio.

Helen, Inglaterra

A operação de Helen foi das mais estressantes, mas sem dúvida ela recebeu algum conforto do espírito que a visitou. Não é maravilhoso saber que nossos entes queridos ainda estão velando por nós? A vovó Daisy, como o irmão Lucas na história anterior, está agindo como o anjo da guarda de Helen lá do outro lado.

Agora, outra história. Nossos entes queridos são ótimos para nos trazer conforto do céu, como já vimos. Gostam de nos revelar que continuam por perto. Mas essa história traz uma segunda mensagem: os mortos sabem também quando estamos preparados para ouvi-los.

Enfermeira espiritual

Se você continua aguardando a mensagem deles, talvez não a tenha recebido ainda porque não está pronto! Que significa isso? Vamos ver.

AINDA NÃO ESTÃO PRONTAS?

Quero partilhar com você minhas experiências. Minha tia Angela faleceu em 10 de novembro, há onze anos, em um acidente de carro. Seu marido morreu também no mesmo dia, mas sua filha bebê e sua mãe (minha avó) sobreviveram, pelo que todos ficamos agradecidos.

O acontecimento me afetou profundamente. Eu era muito ligada a ela, e a ideia de nunca mais vê-la me angustiava. Não sei quanto tempo depois de sua morte minha tia me visitou em sonho, mas me lembro de estar sentada na sala de visitas de vovó vendo um programa de televisão do qual não me recordo. De súbito, uma luz ofuscante brilhou na frente da tela. Tinha forma oval e, apesar do brilho intenso, não me feria os olhos. Vi minha tia no meio do clarão, gritando: "Angela, Angela!". Parecia muito bem, apesar de ter morrido de maneira horrível: não apresentava uma cicatriz sequer!

Corri para ela e abracei-a. E ela me disse que me amava e que eu não precisava me preocupar, pois estava ótima. Lembro-me de lhe dizer que mamãe e vovó se encontravam na cozinha e gostariam muito de vê-la! Mas titia respondeu que as duas ainda não estavam prontas. Assim, não as chamei – afinal, minha tia sempre soubera o que fazer! Avisou então que precisava ir embora. Dei-lhe um último abraço e ela se foi. Nesse instante, mamãe e vovó entraram na sala – e eu acordei.

Senti-me imensamente aliviada. Chorei, mas foram lágrimas de alegria pela visita da minha tia. Ela, percebendo minha tristeza, quisera me revelar que estava segura e feliz.

Alguns meses depois, ela me visitou novamente em sonho. Meu irmão, um ano mais velho que eu, estava passando por um mau momento. Metera-se em um monte de encrencas, e todos nos preocupávamos muito com ele. No sonho, eu estava sentada num gramado que, por acaso, era perto do cemitério onde minha tia repousava. Virei-me para a direita... E lá estava ela! Parecia ótima com os óculos escuros e a jaqueta preta em estilo militar que usava em vida. Os cabelos ruivos tinham uma aparência das mais saudáveis.

Confessou-me não estar nada satisfeita com Lee (meu irmão), que muito a preocupava. Eu precisava transmitir a ele essas palavras, às quais, o rapaz, sem dúvida daria ouvidos. Perguntei-lhe como era "lá em cima" (no Céu). "Parece um aeroporto", respondeu, "com gente entrando e saindo sem parar". Contei-lhe que sentia muita saudade dela; e titia me tranquilizou dizendo que sabia disso, mas que eu a veria de novo e que não deveria me preocupar, pois ela não se "fora" para sempre: apenas, por assim dizer, tirara umas longas férias. Eu pressentia que, de longe, mamãe e vovó me observavam e pedi à titia que esperasse um pouquinho mais, para que elas também pudessem vê-la; mas ela respondeu o mesmo de antes: ainda não estavam prontas. Em seguida, disse adeus e partiu.

Meses depois, em outro sonho, eu estava subindo a comprida rua que leva à casa de minha avó quando avistei tia Angela descendo. Chamei-a e comecei a correr em sua direção, mas um grande furgão branco apareceu, ela saltou para dentro e se foram. Lembro-me de ter acordado confusa e agitada, perguntando-me por que titia não quisera falar comigo. Mais tarde, ainda naquele dia, eu conversava com vovó a respeito do sonho quando ela disse que, na noite anterior, estava deitada e quase dormindo quando ouviu as palavras "Mamãe, mamãe". Imediatamente soube que era Angela. Confessou ter ficado com muito medo de abrir os olhos e vê-la (hoje lamenta isso, pois Angela nunca mais lhe apareceu).

Então, descobri a razão pela qual Angela não falara comigo no sonho: ela viera visitar minha avó, não a mim! Eu só a vira de passagem. Senti-me bem melhor sabendo que tivera um bom motivo para me ignorar.

Enfermeira espiritual

Em outra ocasião, minha avó também me visitou em sonho. Lembro-me de estar numa grande mansão antiga, sentada num dos quartos em que havia, do lado oposto, uma penteadeira. Senti a presença de vovó e começamos a conversar. Ela não apareceu de corpo inteiro, mostrou apenas as mãos. Então, pôs-se a beijar as mãos de outra pessoa, que, mesmo sem ver de quem se tratava, eu sabia ser mamãe.

Fui levada então para um longo corredor, de mãos dadas com vovó. Agora podia vê-la claramente, mas do jeito que ela era quando jovem. Eu costumava lhe dizer, quando ainda estava aqui, que se parecia muito com Marilyn Monroe! De fato, na mocidade, era lindíssima. Por isso me apareceu daquela maneira: sabia que eu a achava bonita.

Vovó me conduziu até o fim do corredor, onde havia uma grande porta. Abriu-a e avistei, no meio de um vasto recinto, meu avô, seu marido, morto bem antes que ela. Também ele tinha a aparência rejuvenescida, de um jovem e belo marinheiro. A beleza de vovó sempre me impressionara igualmente, e era encantador vê-los daquela maneira.

Vovó sorriu, largou minha mão e se aproximou dele. Abraçaram-se e começaram a dançar ao som de uma música que eu reconhecia apenas vagamente. Chamava-se "Vamos nos encontrar de novo". Depois, partiram. Ao acordar, contei o sonho à mamãe e ela disse que aquela fora a canção favorita dos dois!

O último sonho que tive com minha tia foi há pouco tempo, apenas algumas semanas atrás. Eu estivera lendo seus livros, com emoções desencontradas. Além disso, vinha me sentindo muito triste ultimamente, pensando em meu filho que se foi. Como ocorre com a maioria dos pais, perguntava-me se ele estava bem e seguro, se o veria de novo etc. Senti-me culpada quando ele morreu porque, mesmo com permissão de ficar algum tempo ao seu lado, quando a enfermeira veio buscá-lo, entreguei-o sem reclamar, gritar ou perder o controle. Era como se estivesse em transe. Morreu em meus braços no hospital e por isso pedimos ao capelão da instituição que o ajudasse na travessia. Minha mãe, meu padrasto e meu parceiro estavam presentes na ocasião.

Uma noite, sonhei que voltava ao mesmo cenário e vi-me sentada na mesma cadeira, segurando meu bebê. Chorava, como todos à minha volta, enquanto o capelão dizia preces. Tudo era exatamente igual ao dia em que meu filho falecera, exceto numa coisa: a tia Angela estava lá. Postara-se à minha direita e esperava pacientemente. Eu sentia sua presença amorosa bem junto de mim. Quando meu filhinho Harvey faleceu, eu sabia que devia entregá-lo a Angela; virei-me para a direita e ela já estava com os braços estendidos. Recebeu-o, sorriu e afastou-se, desaparecendo ambos em meio a uma luz brilhante.

Acordei extremamente feliz. Foi como se ela houvesse vindo para me mostrar que acolhera Harvey logo após sua morte – que alívio! Compreendi então que o bebê não estava sozinho, mas protegido e seguro.

Antes, eu tivera pesadelos em que o via sem ninguém por perto e receava que ele se perdesse. Cheguei a reservar um espaço no cemitério ao lado dos túmulos de minha tia e de meus avós, para não deixá-lo na área dos bebês, sozinho. Depois do sonho, continuei me sentindo culpada por tê-lo entregado à enfermeira naquele dia, mas não com tanta intensidade.

A tia Angela tinha uma menina pequena quando faleceu. Está hoje com 11 anos e é a cara da mãe. Minha mãe adotou-a sem hesitar e eu a ajudei a criar Olivia, embora também fosse muito nova. Penso que Angela veio para acolher Harvey e, com isso, me explicar que o fazia como uma forma de agradecimento pelo "favor".

Às vezes, esses sonhos me assustam porque podem se referir a mortes na família. Ninguém quer, é claro, que um parente se vá. No entanto, levo em conta também – e isso é reconfortante – que, se nossos entes queridos morrerem, pelo menos ainda conseguiremos vê-los de alguma maneira.

Jade, Inglaterra

Enfermeira espiritual

Culpa é sintoma de tristeza. Sentimo-nos culpados pelas razões mais absurdas após a morte de um ente querido (as informações sobre isso estão no meu livro *Angels watching over me* [Anjos olhando por mim]). Sem dúvida, Jade não tem motivo nenhum para se sentir culpada.

A tia Angela é demais! Nem todos os espíritos conseguem aparecer para as pessoas que amam tantas vezes assim... Ela deve ser tão hábil em comunicação do além quanto meu falecido pai! Imagine como Jade se sentiu consolada ao saber que alguém estava velando por seu querido filhinho! Uma verdadeira bênção. Muitas pessoas gostariam de receber mensagens tão claras – como seria bom se todas fossem transmitidas dessa maneira! A boa notícia é que as visitações em sonhos vão ficando cada vez mais frequentes; portanto, se você ainda não teve essa experiência, talvez ainda venha a tê-la.

Anjos chamados à cabeceira dos doentes

Os anjos, é claro, estão sempre à cabeceira dos doentes e talvez um título melhor fosse "permissão dada aos nossos anjos para nos ajudar". Seu anjo da guarda, por exemplo, acha-se sempre por perto – e cada um de nós tem o seu. Repito isso para que você nunca se esqueça. Somos amparados e amados o tempo todo.

Os anjos são bem-vindos em quaisquer situações na Terra, inclusive em casos de perda de entes queridos. Más notícias, especialmente um falecimento, podem provocar sintomas físicos e dor real. Se você já passou por isso, entenderá perfeitamente o que vou dizer: a dor emocional se transforma em dor física. Os anjos podem ajudar em situações semelhantes proporcionando a cura do corpo. Seus braços afetuosos conseguem aliviar a dor, conforme inúmeros leitores me têm informado.

Como sempre, você não precisa de nenhum truque especial para fazer com que isso aconteça: apenas peça ao seu anjo (mentalmente... Ou por escrito, se quiser). Basta gritar "ajudem-me", e eles logo virão. Se achar que um ritual ou meditação talvez sejam mais eficientes, você tem razão: são mesmo. Eis algumas sugestões para você adotar ou passar a um amigo.

Banho angélico de cura

Tome um banho quente de imersão (na temperatura que lhe convenha, pois ela varia de pessoa para pessoa), a fim de relaxar. Acenda duas velas, se quiser, ou ponha uma música em estilo "angélico". Qualquer coisa que acalme. Assegure-se de que o recinto esteja bem aquecido e experimente novos produtos de banho, chinelos e roupões. Quero que se sinta bem confortável!

Enquanto relaxa no banho, imagine que a água seja uma luz angélica com poderes de cura. Pode pedir que os anjos vertam sua energia na água, enquanto o calor acalma seu corpo. Faça a sua mente criar essa imagem para você e contemple-a como se fosse real. Relaxe pelo maior tempo que puder (ou enquanto estiver se sentindo à vontade, aquecido pela água). Imagine que a tepidez reconfortante provém de seu anjo da guarda.

O calor físico da água ajudará você a se descontrair e alcançar o estado mental certo para sentir a presença dos anjos ao seu lado. Não há motivo para que você não os perceba.

Se não gosta de banhos de imersão, use o chuveiro. Sente-se numa cadeira de plástico a fim de relaxar pelo tempo que for necessário. Se precisar, peça que alguém coloque a cadeira no box (seguindo as normas de segurança), pois uma dor nas costas *não* é relaxante!

Uma banheira de hidromassagem (tipo Jacuzzi), se você puder comprar uma, irá lhe proporcionar uma experiência angélica e de relaxamento igualmente fantástica. E um pulinho ao *spa* local, é uma possibilidade para você? A espuma também é relaxante, e o ajudará a sentir a proximidade dos anjos. Isso sempre funciona. As banheiras de hidromassagem são o meu local favorito de meditação! É nelas, além disso, que tenho minhas melhores ideias. Durante o relaxamento desse exercício, sinto realmente a presença dos anjos – e você sentirá também.

Alimentos que curam... Com uma ajudazinha dos anjos

Os anjos estão sempre aconselhando as pessoas a prestarem mais atenção à sua dieta. Não falo de "dieta" para perder peso, e sim para escolher os alimentos que levamos à boca. Mudar hábitos alimentares é um desafio – sobretudo quando se trata de trocar os tipos de alimentos que ingerimos. Meu peso tem variado ao longo dos anos, pois fiz mudanças bem-sucedidas e depois regredi aos padrões antigos. Sei que *muitos* de meus leitores estão na mesma situação!

Os médicos acham que alguns dos alimentos a que somos alérgicos são também aqueles que mais despertam nosso apetite, principalmente o açúcar. Não sou médica, mas posso lhes dizer, com base em minha experiência, que cortar (e depois suprimir) o açúcar fez de mim uma pessoa diferente: fiquei com a cabeça mais lúcida, o corpo mais leve e a mente mais sensível aos fenômenos psíquicos. Sim, afinei minha sintonia com os anjos e me tornei mais... Exuberante! Está bem, isso parece uma maluquice, mas o que quero dizer é que minha energia física aumentou e eu fazia tudo num ritmo mais acelerado. Aproveitava bem a vida e me sentia mais saudável.

Sim, cometi erros e voltei a ingerir açúcar. Trata-se de uma ânsia, de um vício como a bebida e o cigarro; mas suprimi de novo o consumo, agora com a assistência de um profissional de saúde. Ninguém consegue realizar grandes mudanças na vida sem ajuda...

Já falei disso antes, mas os anjos me comunicaram que é hora de falar de novo. Eis os alimentos recomendados (você tem de fazer suas próprias escolhas, é claro):

- Legumes – de todos os tipos, de todas as cores (para obter uma grande variedade de vitaminas);

- Verduras – também de vários tipos;
- Frutas – procure comer todos os dias (mas não exagere, pois algumas contêm muito açúcar);
- Sucos de frutas (a mesma recomendação);
- Nozes;
- Sementes;
- Água;
- Óleos saudáveis (como o azeite de oliva);
- Peixes (especialmente os que contenham ômega 3);
- Carnes magras (só um pouquinho – prefira a qualidade à quantidade).

Aconselhe-se com um profissional (nutricionista, médico etc.) para ingerir somente alimentos que convenham ao seu corpo. Esqueça os produtos industrializados, o açúcar e as gorduras animais. Recorrer a um profissional e consultar a internet para mais informações é o ideal; um livro sobre alimentação saudável (a ciência da nutrição muda de tempos em tempos) também é uma boa opção. Invista em *você*. As recompensas são grandes:

- Pele mais sedosa;
- Menos gordura corporal;
- Níveis mais elevados de energia;
- Mente mais lúcida;
- E, minha favorita: maior intuição/capacidade psíquica... Se você tiver esse dom.

Como em qualquer situação, peça que seu anjo da guarda o ajude na busca da saúde. Muitas condições melhoram com uma dieta mais balanceada: invoque os anjos para que o orientem nas escolhas. O planeta está mudando e, consequentemente, nós também precisamos mudar. Se você (como eu) tem desafios "alimentares", procure corrigi-los; se fracassar (ou se já fracassou no passado), recomece (quantas vezes for necessário). Você merece estar nas melhores condições possíveis. Cuide de seu corpo. Zele por sua saúde. Ajude os anjos a ajudarem *você*.

Meditação de cura angélica

Em geral, os métodos de meditação prescrevem que você se sente (no chão ou numa cadeira), mas este aqui é diferente porque deverá ficar deitado – na cama, por exemplo. Assegure-se de que o quarto esteja quente e confortável, feche a porta se precisar de privacidade, mas informe as outras pessoas da casa sobre o que irá fazer para que não o incomodem durante alguns minutos. Você poderá gravar sua voz lendo as palavras ao som de uma música suave de fundo ou pedir a um amigo que as leia para você, caso não prefira memorizar o exercício.

Não se preocupe se adormecer; despertará naturalmente quando estiver pronto. Nem por isso o exercício deixará de funcionar. Prepare com antecedência uma bebida quente para quando tudo estiver terminado. A imaginação é o segredo. Divirta-se "vendo" com os olhos da mente as coisas descritas em detalhes...

> *Você está deitado na cobertura de seu hotel de luxo, esperando um tratamento de saúde. O curador já começa a preparar as loções e unguentos perfumados. Você veste roupas leves e macias de seda, perfeitas para a ocasião. Elas são confortáveis e bonitas. Visualize-as.*
>
> *Tudo é belo, tudo é maravilhoso. Você está aqui porque merece. O hotel é bem perto da praia, e a janela está aberta. Visualize isso também antes de ir em frente.*

Você pode ouvir o murmúrio das ondas indo e vindo... Vindo e indo. Continue a ouvir o som por alguns instantes, relaxando mais e mais enquanto isso.

O curador se aproxima e você percebe imediatamente que é seu anjo da guarda. Ele quis preparar para você uma sessão de cura à maneira de um spa... Porque você merece esse tratamento. Ouça as ondas... Sem pressa, sem pressa.

Indo e vindo... Mais e mais relaxado.

Indo e vindo... Mais e mais relaxado.

O som acariciante das ondas descontrai cada parte de seu corpo... Por dentro e por fora... Indo e vindo, vindo e indo... Mais e mais relaxado. Mais e mais relaxado... Relaxe, relaxe, relaxe.

O anjo está agora junto de você. Embora seus olhos estejam fechados, você percebe uma bonita luz brilhante com as cores do arco-íris – que envolve inteiramente seu corpo. O anjo usa esse arco-íris para harmonizar seus centros de energia. Como um maestro, move a luz em volta de seu corpo, direcionando cada cor para o ponto onde ela é necessária. Você ouve os lindos sons que as cores emitem quando entram em harmonia. Usufrua com calma o tratamento. Sinta cada cor enquanto ela se movimenta. Saiba que todas elas estão se harmonizando corretamente para curá-lo.

O tratamento logo começa a fazê-lo se sentir bem e saudável, mais e mais relaxado... E o tempo todo você ouve o som das ondas... Indo e vindo... Vindo e indo... Indo e vindo...
Relaxe enquanto o tratamento prossegue. Goze as sensações e a tepidez que a brisa, entrando pela janela aberta, provoca em seu

corpo. Sinta-se seguro ouvindo ocasionalmente o som de risos na praia lá embaixo... São pessoas que se divertem e curtem a vida.

Você está no lugar certo, na hora certa... Aproveite bem o tratamento... Esse é um momento especial para você. Saiba que, o tempo todo, seu anjo está aplicando loções e toques especiais à sua aura. Algumas pessoas conseguem até sentir os maravilhosos perfumes dos tratamentos angélicos etéreos. Os anjos sabem muito bem que aromas são ideais para você.

Aproveite...
Aproveite...

[Durante alguns minutos, pelo tempo que quiser, ouça a música suave de fundo.]

Quando estiver pronto, sentirá que o anjo começa a se afastar. O tratamento no spa terminou. Silenciosamente, o anjo recolhe o equipamento e desaparece.

Agora você está recuperado, saudável e pronto para enfrentar os desafios do mundo. Espreguice-se. Abra os olhos e traga a consciência de volta para o quarto... Aguarde um pouco e, quando estiver plenamente consciente, sente-se devagar. Tome um gole da bebida que preparou com antecedência.

Faça essa meditação quando precisar relaxar, não quando tiver de estar totalmente lúcido e alerta, do contrário será trabalho perdido. Antes de ir para a cama, é uma boa hora para o exercício – e, conforme eu já disse, não se preocupe se adormecer, pois já sabe o que acontecerá (presumindo-se que leu as instruções pelo menos duas vezes antes de começar). O processo não será interrompido mesmo que você durma. Lembre-se de que, durante o exercício, é você quem controla tudo, podendo a qualquer momento abrir os olhos e interrompê-lo. Ou seja, estará seguro o tempo todo.

Do outro lado do espelho

De novo ela se viu naquele corredor comprido e...

Entre os canteiros brilhantes, as fontes frescas...

– Alice no País das Maravilhas

Não seria ótimo saber o que acontece quando vamos para o céu? O que sucede do outro lado da vida? Para onde vamos depois da morte? O que vemos? O que sentimos?

Milhões de pessoas já tiveram o que chamamos de experiência de quase morte. Isso talvez porque estivessem fisicamente moribundas, mas, às vezes, é possível experimentarmos fenômenos paranormais em consequência de golpes na cabeça, expectativa de morte ou um trauma qualquer no corpo. Essas experiências nos dão uma pista do que a morte real pode ser.

QUASE MORTE NA CAMA ELÁSTICA

Eu tinha dez anos e meus pais me deram uma cama elástica como recompensa por ter tirado boas notas nas provas. Era uma bela manhã e uma amiga passara a noite comigo; a ordem de mamãe fora para que não brincássemos antes que ela se levantasse para nos supervisionar. Mas crianças são crianças, e decidimos brincar de qualquer maneira. Tentei fazer uma manobra arriscada; não consegui, bati o lado da cabeça na barra metálica e desmaiei.

Do outro lado do espelho

Inconsciente, senti como se um túnel de luz multicolorida avançasse em minha direção. É difícil explicar, desculpe-me... Avistei a silhueta de um homem ali de pé, falando (não sei se falava comigo ou com outra pessoa). Como eu tinha dez anos, você pensará que senti medo; mas não, fiquei apenas curiosa.

Acredito firmemente que ia morrer naquele dia; porém meu anjo da guarda, o homem, trouxe-me de volta porque minha hora ainda não chegara. Quando recuperei a consciência, minha amiga estava ao meu lado e eu imediatamente corri ao banheiro para vomitar. Não me lembro de muita coisa depois disso, mas mamãe me levou ao hospital para o caso de eu ter tido uma concussão. Nada foi constatado.

Jenni, Irlanda do Norte

Jenni não é a única; é muito comum a pessoa ser recebida às portas da morte. Anjos, guias espirituais e parentes falecidos se incluem nesse grupo prestimoso de seres do outro lado que vêm nos ajudar. Ouve-se frequentemente a frase de Jenni, "minha hora ainda não chegara", em situações semelhantes. Às vezes nos é dada uma chance diante das portas do céu: vá com o anjo que se apresentou para escoltá-lo ou volte para a Terra a fim de completar sua vida.

A experiência de "morte"

Ponho a palavra "morte" entre aspas porque não acredito que morremos do modo como tradicionalmente se pensa. A morte é algo que acontece apenas ao corpo físico. O espírito continua vivendo.

Consultei inúmeras pessoas, em meu Facebook, sobre experiências de morte. Eis um assunto de que não falamos normalmente, mas, na verdade, nem toda morte é assustadora. Aqui vão alguns resultados:

Jeannie

"Quando o tio de meu ex-marido estava morrendo, esfregava as mãos na cama como se quisesse limpá-la de alguma coisa: "Tirem a água", repetia. A enfermeira Macmillan explicou então que já vira aquilo muitas vezes; a seu ver, é como se atravessássemos uma expansão de água quando iniciamos a travessia para o outro lado da vida."

[É verdade: às vezes, as pessoas avistam uma ponte entre a Terra e o lado celestial da vida.]

Wendy

"Fiquei ao lado de vovó quando ela faleceu. Vovó sabia que sua hora chegara e a tristeza em seu rosto era imensa, embora não dissesse nada. Penteei seus cabelos, passei um hidratante em sua pele e massageei suas mãos; em seguida, ela se foi. Uma experiência triste, mas bonita."

[Outra vez aquela frase – mas dessa vez a avó de Wendy sabia que sua hora chegara.]

Amanda

"Só me encontrei com o avô de meu namorado uma vez, mas é impressionante como podemos nos ligar a pessoas depois de poucos contatos. Fui ao hospital quando ele já estava em coma; parecia dormir tranquilamente. Senti o impulso de pegar sua mão e disse-lhe, mentalmente, que não tivesse medo nem lamentasse deixar seus entes queridos; que chegara sua vez e que agora poderia se encontrar de novo com sua esposa.

Voltando para casa, eu não conseguia romper aquela forte ligação, mas, no dia seguinte, já estava calma e descontraída. Na hora do almoço, porém, senti de repente uma grande fraqueza e pensei que fosse morrer. Fui ao banheiro, lavei o rosto com água fria (era meio-dia) e soube ali mesmo que o avô de meu namorado morrera. Quando saí do banheiro, o telefone tocou: ele se fora exatamente às 12 horas, como eu pressentira!

Foi uma bonita experiência (talvez um pouco assustadora, como dar à luz, mas ainda assim especial)."

[Que boa maneira de explicar o processo da morte! A morte é um novo nascimento, como sugere Amanda.]

Susan

"Eu estava inconsciente; tudo era branco e todos estavam vestidos de branco; pareciam médicos tentando me salvar. Não sabia que lugar era aquele, mas era um bom lugar. Talvez estivesse, como se diz, clinicamente morta, mas aquilo eu nunca experimentara antes, nem mesmo em sonhos.

Como sou enfermeira, vejo muitas pessoas morrerem e, pelo que percebo, elas têm uma boa transição, sentindo realmente sua alma deixar o corpo. Acredito que alguém do outro lado venha nos receber."

[Susan está certa, é claro. Sei de centenas de casos em que moribundos conversam com aqueles que se apresentam para tranquilizá-los e conduzi-los ao céu... Ou mandá-los de volta à vida!]

Tracey

"Quando minha avó morreu, meu pai estava ao seu lado. Ela parecia muito fraca e ficava mais ainda dia após dia. Antes de partir, sentou-se ereta na cama, sorriu para um canto do quarto e deitou-se novamente para morrer na maior serenidade. Mais tarde, quando procuramos uma médium, ela nos disse que o irmão de minha avó, Joey, viera buscá-la e essa fora a razão de seu sorriso.

Papai faleceu há três anos. Em seus últimos dias, tentava se levantar da cama ao lado da janela, como se quisesse buscar 'a luz'. Na noite que antecedeu sua morte, eu disse a meu namorado: 'Ele irá embora logo'. Eu sabia. Cerca de seis horas daquela manhã, a enfermeira da noite nos informou que ele estava muito mal. Mamãe foi a primeira a entrar no quarto e comunicou-lhe: 'Aguente firme, eles estão chegando', referindo-se a mim e ao meu irmão. Quando entrei, mamãe segurava sua mão. Meu irmão pousou a dele em sua perna e, quando me aproximei, acariciei-lhe a fronte – e papai deu o último suspiro. Foi maravilhoso tudo ter acontecido em tamanha paz."

[Quando pessoas que estiveram inconscientes ou fracas demais para se sentar de súbito na cama fazem isso em seus momentos finais, sabemos que algo mágico aconteceu, especialmente quando elas acenam, sorriem ou se dirigem a visitantes invisíveis.]

Christine

"A família toda estava em casa quando minha sogra faleceu. Entrávamos em seu quarto o tempo todo; o dia parecia não ter fim, e concluí que a estávamos impedindo de passar para o outro lado.

Seu último alento foi para os filhos e o marido; um momento maravilhoso, mas também muito triste porque ela sofrera demais com uma doença terrível (câncer). Quando meu sogro também morreu, nove meses depois, estava dormindo. Encontramo-lo no dia seguinte, na cama, completamente vestido; foi como se soubesse que sua hora havia chegado. Todos percebemos, naquele instante, que ele não queria mais permanecer aqui."

[É reconfortante saber que os moribundos estão prontos para partir. As coisas ficam mais fáceis quando a doença foi longa e o corpo físico se sente cansado, ansioso para se libertar.]

Sylvia

"Eu estava com meu marido no hospital quando ele faleceu. Eu segurava sua mão e foi meu filho quem se aproximou e disse: "Mamãe, ele se foi". Jazia tranquilo, como se acabasse de adormecer para sempre. Ao sair do quarto, voltei-me e sussurrei-lhe: "Vou vê-lo quando minha hora chegar, querido".

[Muitas pessoas gostariam, sem dúvida, de falecer dessa maneira, serenamente... No devido tempo, é claro!]

Christine
"Antes de morrer, papai me disse que seu cunhado o visitara em espírito. E chegou a sonhar com seu funeral!"
[Sabemos quem veio buscar esse homem!]

Lisa
"Pouco antes de morrer, em 2004, meu avô me disse que havia três homens ao pé de sua cama, de terno, e que tinham vindo para buscá-lo. Avisaram-no de que esperavam apenas que dissesse adeus a seus entes queridos. Poucas horas depois, ele faleceu e concluí que aqueles homens eram uma espécie de 'atendentes'."
[Deviam ser amigos ou simplesmente os guias espirituais da pessoa.]

Trudie
"Quando trabalhei como enfermeira, vi muitas pessoas morrer e quase todas estendiam as mãos como se tentassem pegar as de alguém..."
[Sim, sabemos que fazem isso.]

O relato de Julie é longo, mas o conservei na íntegra. Inclui tanto experiências de "anúncio" quanto uma impressionante visita ao além. Eu o achei fascinante e sei que vocês pensarão da mesma maneira.

Julie
Como enfermeira, estive ao lado de inúmeros pacientes no momento em que faleceram. Pareciam sempre esperar que eu me aproximasse para irem embora. Não acho conveniente que fiquem sozinhos, e era sempre designada para permanecer ao lado deles, pois havia ali muito trabalho a fazer!

Um dos moribundos, inconsciente, sentou-se direito na cama, sorriu para a família, ergueu os braços, fitou o teto e morreu. Notei também que os pacientes, já perto de sua hora, conversavam sem parar com seres que ninguém mais via. Uma mulher me revelou que surpreendera seus familiares à espera num trem a vapor e tentara agasalhá-los com o cobertor para não se resfriarem, pois estavam aguardando ali havia dias!

Outra mulher, numa casa de repouso, começou a arrumar suas coisas. Perguntei-lhe o que fazia e ela respondeu que queria deixar tudo em ordem porque às oito horas da noite seu "marido" viria buscá-la. À tarde, se vestiu (com a minha ajuda) e, à medida que a hora se aproximava, foi ficando ansiosa. Às oito horas, já de casaco, sentou-se aos pés da cama sorrindo! Como normalmente não conseguia se vestir sozinha, colocar o casaco deve ter lhe custado muito esforço.

Sem que isso chegue a ser uma surpresa, a mulher morreu mesmo às oito horas da noite. Tomei seu pulso: ela se fora realmente. A última vez que a vi neste mundo foi às 19h45: conversava ainda com o marido, sempre olhando para o teto e sorrindo. Agradecia por ele ter esperado que ela ficasse pronta e por vir buscá-la, conforme prometera.

Infelizmente, eu cuidava de outra paciente quando ela se foi. Queria muito ter estado a seu lado às oito horas... Mas de qualquer modo, Deus a abençoe, sei que não estava sozinha. Duas outras enfermeiras não acreditaram nela e acharam que tudo era produto de sua confusão mental; eu, porém, tenho certeza de que falava a verdade. Ela e o marido viveram por algum tempo na casa de repouso; a vida inteira foram missionários que trabalharam juntos e, assim, eram pessoas de fé. Ele era um homem amável, e ela não ficava atrás. Parecia muito serena ali sentada, de casaco e sapatos, bolsa na mão... Até passara uma leve camada de batom!

Eu gostava de meu trabalho em casas de repouso; há alguma coisa nos idosos que acho fascinante. Sentia-me muitíssimo honrada quando eles decidiam ir diante de mim. Eu mesmo fazia de tudo para ficar ao lado deles. Algumas pessoas acham isso mórbido, mas era um trabalho que me emocionava. Uma mulher, que quase não falava com ninguém, fitou-me bem nos olhos pouco antes de morrer e murmurou: "Vou para um lugar bem melhor. Sei exatamente quem você é, Julie, e agradeço de coração os cuidados que me dispensou. O lugar para onde estou indo é tranquilo, e meu irmão espera lá por mim. Não há mais o que fazer por aqui. Obrigada". Nesse instante uma enfermeira entrou e minha paciente se calou para sempre. Como de costume, ninguém acreditou em mim!

Sempre fui muito ligada à outra vida. Quando tinha 12 anos, minha avó me mandou uma mensagem em sonho dizendo que ia morrer (nenhuma imagem, apenas palavras). A mensagem era: "Vou morrer logo"; em seguida, ouvi minha própria voz gritando: "Não vai, não! Vai viver até os cem... Os cem... Os cem".

Mamãe então bateu à porta do quarto e me acordou para dizer: "Tenho de ir, querida, vovó está doente". E ela morreu mesmo, tal como me confidenciara no sonho.

Certa vez, fui levada numa viagem maravilhosa por minha guia espiritual, que se apresentou e me conduziu para ver vovó. Voávamos em meio às nuvens e eu até sentia um friozinho no estômago, como se estivesse num parque de diversões. Lembro-me de que o céu era azul brilhante, de um tom que eu nunca vira antes. Minha guia me mostrou os hospitais para onde vão as almas quando desencarnam repentinamente e precisam de cura.

Mostrou-me também belos campos muito verdes, semeados de ranúnculos e margaridas, porém com cores mais vibrantes que as deste mundo. Levou-me em seguida a um bonito chalé onde vovó me esperava, sentada diante de um bule de chá. Perguntei-lhe por que bebia chá se estava no céu, pois isso me parecia uma coisa estranha de fazer; e ela explicou que, quando alguém morre subitamente, pode gozar alguns confortos terrenos durante algum tempo, até se adaptar ao novo local, embora na verdade não precise de nada disso.

Vovó tinha leões e tigres vagando livremente pelo jardim, além de cães e gatos normais (nós duas gostávamos muito de bichos). Perguntei: "Mas como é isso? Eles não se machucam uns aos outros?". Vovó explicou então que todos os animais vivem em harmonia no céu; não precisam se matar porque não necessitam de comida. Aquilo era impressionante.

Depois, fui visitar uma professora minha que morrera de câncer. Quando a vira pela última vez, estava calva, mas agora exibia longos e sedosos cabelos loiros. Mas por fim tive de voltar. Fui instruída a me deitar com as mãos cruzadas sobre o peito, pois seria assim que acordaria. E, com efeito, foi assim mesmo que acordei, embora permanecesse por alguns instantes paralisada na cama. Não conseguia me mexer nem falar, por mais que tentasse. Quando meu gato me viu, miou alto e seu pelo se eriçou.

Lembro-me de tudo isso como se houvesse acontecido ontem. E, devo dizer, é agradável poder lhe transmitir minhas experiências, sabendo que você entende o que escrevo e acredita em mim. Ao longo dos anos, venho tentando contar essas coisas a várias pessoas, mas elas não levam a sério o que digo. Calei-me por muito tempo, com medo do ridículo!

Já ouvi falar de trens como símbolo de transporte em sonhos em que alguém é "escoltado" – e eu mesma tive um muito parecido. Não sei bem se há trens no céu... Embora possa estar errada, creio que tais coisas nos são mostradas para compreendermos o que está acontecendo. Algumas das experiências de Julie em sua visita ao céu lembram bastante outras sobre as quais já li. E, Julie... Sem dúvida tudo o que me contou é verdadeiro. Acredito em você!

Médicos e enfermeiras parecem ter experiências extraordinárias relacionadas à morte. É decerto um privilégio estar com alguém no momento em que se vai; mas, com alguns pacientes, isso pode retardar o inevitável, pois eles tentam "se segurar" para nos ser agradáveis. (Mas não podem adiar a passagem indefinidamente, portanto não se sinta culpado quando estiver ao lado de um moribundo; nós não exercemos *tanta* influência assim, só quando ainda não chegou a hora da pessoa, caso em que, penso eu, podemos incentivá-la a voltar para o corpo. Pessoas que já tiveram a experiência de quase morte frequentemente mencionam uma voz – às vezes familiar – que as chama, embora também possa se tratar de um espírito, do outro lado, mandando-as retornar à vida.

Quando meu próprio pai faleceu, num hospital, a família acabara de sair para o almoço. Ele teve um ataque cardíaco e morreu nesse curto espaço de tempo; no entanto, passáramos anos ao lado de seu leito de hospital, transferindo-o para clínicas de todo o mundo e revezando-nos junto dele para que nunca ficasse sozinho... Mesmo quando não era hora de visita.

Acredito realmente que o que tem de acontecer acontece: não há nada que possamos fazer a respeito. Talvez os moribundos só exijam um pouco de privacidade para iniciar sua jornada especial! Sem dúvida, como mostram nossas histórias, eles *nunca* estão completamente sozinhos e sempre são recebidos por anjos, guias espirituais, parentes falecidos, bichinhos de estimação ou tudo isso junto... É o que provam milhares e milhares de relatos autênticos!

Na impressionante história que se segue, alguém empreende uma viagem maravilhosa ao outro lado, como fez Julie. É fato raro, mas, como já vimos, pode acontecer. Pessoalmente, gostaria muito de visitar o céu – embora, é claro, não pretenda ficar de cama ou sofrer um acidente para ir lá. Quem sabe um ente querido ou guia me leve também para uma curta visita? Eis a experiência de Angela.

Jacky Newcomb

Uma viagem ao céu

Tive há algum tempo um belo sonho que parecia absolutamente real. Ainda hoje, anos depois, consigo lembrar com a maior clareza todos os detalhes da experiência. Estava sentada numa espécie de sala de espera. Havia outra pessoa no local e então alguém apareceu e a levou; fiquei só. Enquanto aguardava, senti-me bem à vontade e muito calma. Pouco depois, alguém veio me buscar também. Embora se postasse ao meu lado, eu não conseguia ver seu rosto. Este parecia indistinto, o que, porém, não me incomodou no momento.

A pessoa era mais alta que eu, magra, com roupas claras. Continuava indistinta e, apesar de eu poder ouvir claramente sua voz, esta soava em minha cabeça e não em meus ouvidos. Não sabia dizer se era homem ou mulher (nem isso me pareceu relevante no momento). A seguir, fui levada para um amplo recinto onde várias pessoas estavam sentadas diante de um púlpito, ocupado por um homem muito alto – uma espécie de anjo, penso eu. Vestia uma túnica dourada e falava à audiência. Atrás dele, várias pessoas sorriam, entusiasmadas. Apontavam para alguns dos assistentes e estes acenavam para elas. Meu guia – é assim que quero chamá-lo – disse-me que haviam reconhecido seus entes queridos na congregação. Depois, prontificou-se a me mostrar as instalações e percorremos longos corredores brancos, num dos quais havia uma larga janela pela qual eu avistava o céu. Fiquei intrigada: eu não esperava que ali houvesse céu, e ainda por cima o mais belo que jamais vira. Suas cores eram o azul, o lilás e o rosa – muito vívidas, como as do crepúsculo.

Meu guia me levou para fora e logo avistei um mar agradavelmente calmo, entrando por uma baía. Pessoas nadavam ou apenas andavam pela praia. Meu guia me convidou a entrar na água com ele, mas hesitei porque tenho medo de águas profundas. Ele me garantiu que tudo ficaria bem, pois, não importava quanto eu avançasse, o mar só chegaria até meu peito. Então, segui-o.

Permanecemos ambos de pé na água, observando como as outras pessoas aproveitavam a experiência. Nesse momento, vi um homem que mancava. Encarei meu guia e perguntei o motivo daquilo. Reproduzo, palavra por palavra, sua resposta: "Ele ainda não se adaptou, continua apegado à vida terrena. Quando se adaptar, não mancará mais". Perguntei então por que as pessoas temem a morte se eu, experimentando-a naquele momento, não a temia; mas não obtive resposta porque acordei.

Angela, Inglaterra

Flores mais belas, cores exuberantes, pessoas nadando no mar... Parece maravilhoso, não? Imagine se fosse fácil para todos visitar o céu dessa maneira! Você marcaria a hora e, quando adormecesse, compraria o ingresso, esperaria sua vez e em seguida daria o passeio acompanhado por um guia. Felizmente, muitas pessoas têm essa experiência e, portanto, não devemos desanimar.

Depois que faleceu, meu pai visitou em sonho o namorado de minha filha para lhe dizer *oi*. Kyle me contou que, durante a experiência, viu um céu maravilhoso, com as cores do arco-íris, diferente de tudo que contemplara até então. Começo a perceber aqui um esquema recorrente, e você?

Quando alguém tem o privilégio de estar ao lado de um moribundo, às vezes experimenta as mesmas sensações que ele. Isso pode incluir: luzes, sons, aromas e, sobretudo, cores espetaculares, como na história anterior. Já conhecemos pessoas que estendiam os braços para seus anjos e mortos queridos. Vejamos agora outros encontros.

Jacky Newcomb

Morte bonita

Há semanas eu concluíra que meu filho de sete anos não se recuperaria do câncer diagnosticado cerca de sete meses antes. Passei quase todo esse período no hospital, junto a outros pais que amargavam a mesma experiência dolorosa.

Jamie fora um típico moleque de sete anos, sempre pronto a fazer bagunça e traquinagens aonde quer que fosse: um verdadeiro filhinho do papai. Durante meses ficou a maior parte do tempo de cama, embora com frequência pudesse ser visto deslizando com seu suporte de soro pelo corredor, como se fosse um *skate*.

Uma noite, sentei-me em sua cama e peguei-o no colo, com lágrimas escorrendo pelo rosto, abraçando-o como nunca fizera antes e orando para que ele adormecesse serenamente. Na manhã seguinte (Domingo da Lembrança[1]), às seis horas, meu filho faleceu. A enfermeira me acordara minutos antes para dizer que ele estava partindo; levantei-me de um salto e corri para sua cama enquanto uma luz maravilhosa enchia todo o quarto. Um aroma de flores também embalsamava o ar, e uma enfermeira comentou que o ambiente estava muito sereno. Por algum motivo, aquele quarto frio e despojado me pareceu diferente. As luzes brilhantes, embora de um vermelho, amarelo, verde, azul e púrpura esmaecidos, tinham uma espécie de fosforescência que se espalhava pelo recinto. Eu me sentia protegida e reconfortada, como se alguém me agasalhasse fisicamente – mas ninguém o fazia, pelo menos não uma criatura humana. Essa sensação me dominou até o momento em que membros da família e meu marido entraram. Eu tinha outros dois filhos, e meu marido ficara com eles em casa. Minha filha sabia que o irmão morrera porque, conforme me contou, luzes mágicas haviam iluminado seu quarto e ela se sentira em paz.

---

1 Dia em que se comemora, na Grã-Bretanha, o fim da Primeira Guerra Mundial. (N.T.)

Do outro lado do espelho

Não sei de onde me vieram as forças para resistir ao sofrimento daquele dia e dos que se seguiram ainda por muito tempo. Creio que dos anjos.

Paula, Inglaterra

Como a própria Paula chamou sua experiência de uma "morte bonita", usei essas palavras como título da história. Por mais trágica que seja essa experiência, sei que Paula recebeu algum conforto no momento da morte de Jamie. Não é maravilhoso que a irmã de Jamie tenha visto luzes brilhantes em casa? Foi como se ela também estivesse presente na cena do falecimento.

A morte, em qualquer idade, é um acontecimento trágico, mas, depois que a alma deixa o corpo, sua jornada para o céu é tranquila. Só sofre quem fica para trás, e inúmeras histórias de "quase morte" explicam como se dá a transição para o além. Sem dúvida, as pessoas que passam por essa experiência não morrem, mas às vezes têm um vislumbre da magia do outro lado da vida...

Sempre achei fascinantes as histórias sobre o céu. E quem não gostaria de saber o que acontece depois da morte e para onde vamos? Eis outra experiência de quase morte em que a pessoa se viu num hospital celeste após deixar o corpo. Ela naturalmente se recuperou e voltou ao corpo humano para partilhar sua experiência, mas presume-se que, se não tivesse voltado, permaneceria naquele lugar até estar pronta para a vida espiritual.

Hospitais do céu

Eu ia adormecendo suavemente quando senti que saía do corpo. Abri os olhos: estava flutuando acima de meu corpo, que, segundo constatei, repousava ainda. Em seguida, saí voando a milhões de quilômetros por segundo e fui parar numa espécie de hospital – mas todos ali já haviam morrido e aquele era o lugar onde seus espíritos se curavam dos males terrenos.

Notei outras pessoas como eu, mas eram enfermeiras da Terra. Uma delas me chamou de "irmã". Olhei para ela intrigada, mas não respondi, pois não a conhecia. A enfermeira me observou um tanto divertida e sorriu antes de pedir que os outros se fossem sem mim: percebeu que ainda não chegara a minha hora de ir com eles. Sei que isso soa muito estranho.

Havia também o hospital mulheres que morreram de parto, algumas com seus filhos. Muito triste.

Estou sendo minuciosa demais, bem sei, mas acontece que isso ocorreu uns sete anos antes de eu ficar grávida de meu terceiro filho. Visitei outras áreas do hospital em diferentes ocasiões, inclusive uma que chamo de "casa do meio". É uma espécie de hotel para aqueles que não sabem o que fazer nem para onde ir e precisam de tempo para a transição. Tudo isso parece maluquice, mas a verdade é que tive experiências semelhantes muitas e muitas vezes. Você poderia explicá-las? Gostaria de saber o que acha de minhas "estranhas" experiências.

Janette, Inglaterra

Creio que posso explicar sim, Janette! Esse hospital aparece em diversas histórias, assim como variações da "casa do meio" (algo que lembra o chá em seu chalé – ela também estava se adaptando à vida no outro lado).

O hipnoterapeuta e especialista em vida após a morte doutor Michael Newton, em seu livro *A viagem das almas*, descreve esses lugares que lembram hospitais. Muitos de meus leitores devem se lembrar de que já citei sua obra antes. O doutor Newton recorre à hipnose para conversar com seus pacientes sobre vidas passadas e vidas entre vidas. Depois de operar a regressão neles, em sessões hipnóticas de transe profundo, ele pode lhes fazer perguntas sobre o que acontece no céu. Muitos mencionam um local ou espaço de cura; outros falam de uma espécie de ducha de luz, para fins terapêuticos; e outros ainda se veem num hospital, como Janette.

Não é reconfortante saber que, após uma longa doença terrena, nossas almas são curadas no além antes de prosseguir viagem? As dores e os incômodos da alma são totalmente eliminados.

Mandy não sabia que estava morrendo quando passou por essa experiência – e felizmente seu marido se encontrava a postos para trazê-la de volta à vida. Eis a carta de Mandy.

O LUGAR ONDE AS CRIANÇAS RIEM

Leio todos os seus livros, esperando encontrar neles algo parecido ao que me aconteceu há algum tempo. Faz dezoito anos que "morri" por causa de uma terrível dor de estômago. Essa dor me acometera antes e também depois – mas, na ocasião a que me refiro, consegui chamar meu marido a tempo, sabendo que iria morrer.

Posteriormente, ele me explicou o que ocorreu. Entrando no banheiro, me encontrou aparentemente desmaiada e engolindo a língua! Estava estendida no chão, emitindo um som gorgolejante. Meu marido confessou que nunca ficara tão assustado em sua vida; meu rosto parecia a "face da morte". Teve de enfiar os dedos em minha boca para me desenrolar a língua!

A única lembrança que tenho do incidente nunca me abandonou. Enquanto tudo aquilo acontecia, senti certo aborrecimento, como se houvesse sido subitamente despertada de um "sonho" maravilhoso. Recordo-me do agradável som de risos de crianças, num clima de imenso amor.

É difícil colocar em palavras a irritação que me dominou por ser "trazida de volta". Pegue o sonho mais maravilhoso que já teve, multiplique-o por dez, imagine que alguém o acordou e multiplique a raiva que sentiu por 50: terá então uma ideia aproximada do que eu senti.

Era tarde da noite, de modo que, em definitivo, não havia barulho de crianças nem nada parecido lá fora. Todas as histórias que li falavam de pessoas vendo luzes ou entes queridos. Eu não vi coisa alguma, apenas experimentei aquele sentimento maravilhoso de amor e ouvi um riso de crianças. Acho realmente que tive uma experiência fora do corpo ou de natureza "espiritual". Se for isso que sentimos quando passamos para o outro lado, então não terei medo nenhum quando chegar minha hora. A sensação foi absolutamente deliciosa e por isso me aborreci tanto ao ser acordada.

Mandy, Inglaterra

Anos atrás, na casa de meus pais, adormeci e tive uma experiência muito parecida à de Mandy. Dominou-me a mesma sensação maravilhosa de amor e paz, tanto é que teria preferido permanecer naquele estado de consciência para sempre. Imaginem como fiquei chateada ao ouvir mamãe me chamar e perguntar se eu queria uma xícara de chá! Acordei e a sensação maravilhosa desapareceu imediatamente. O estranho é que logo descobri que mamãe e papai estavam dormindo profundamente no quarto ao lado... Acho que meus anjos da guarda recorreram àquela artimanha para me trazer de volta a este lado da vida!

Eis outra história de alguém que empreendeu a jornada quando estava sozinho:

NADA DE TÁXIS

Minha avó faleceu em dezembro do ano 2000. Tinha câncer no pâncreas e, nos últimos dias de vida, permaneceu fortemente sedada. Minha mãe e minha tia ficaram a seu lado o tempo todo. As duas me contaram depois que, apesar dos sedativos, vovó teve vários episódios em que se mexia inquieta, virava-se na cama e conversava com alguém que elas não podiam ver. Quase todas as suas palavras eram ininteligíveis, mas tanto mamãe quanto titia me asseguraram de que ela parecia estar discutindo com alguém e insistindo que não queria ir, não queria ir... Mamãe pensou mesmo tê-la ouvido pronunciar "Cyril", que era o nome de meu avô.

Dois dias depois que isso aconteceu pela última vez, mamãe e titia deixaram-na sozinha e foram para casa a fim de trocar de roupa. Antes, certificaram-se com o médico de que ela ficaria bem à noite. Além disso, meu tio chegaria na manhã seguinte. Titia foi a primeira a sair, pois tinha de ir da costa sul até Yorkshire, e mamãe seguiu mais tarde, já que sua viagem seria mais curta. De conversas subsequentes, concluiu-se que mamãe chegara em casa logo depois de minha tia. Dez minutos depois, o telefone tocou: era do hospital. Informaram que vovó falecera "havia cinco minutos". Sabendo que mamãe, titia e titio estavam muito longe para voltar a tempo, tinham ligado para minha tia-avó (irmã de vovó) quando a paciente piorara. Mas minha tia-avó não conseguiu chegar ao hospital porque não havia nenhum táxi disponível.

Sempre me pareceu estranho que vovó morresse logo depois de mamãe (a última de seus três filhos) chegar em segurança em casa e que sua irmã não conseguisse achar um táxi no momento.

Frequentemente me pergunto se não foi a influência de vovô que determinou a hora do falecimento. Ele sabia que vovó não o acompanharia enquanto todos não estivessem seguros em casa; então, esperou que isso acontecesse para poder levá-la consigo!

Amy, Inglaterra

Um ajudante inconsciente

Faça todo o bem que puder

e fale disso o mínimo possível.

— Charles Dickens

VIAJANTES FORA DO CORPO
Num instante você está deitado em sua cama, pensando em negócios, e no outro flutua em direção ao teto. Estou falando sério! Às vezes rola para trás e para frente ou apenas flutua acima do corpo, olhando para cima ou para baixo. Tais coisas acontecem o tempo todo, e a maioria acha que foi simplesmente um sonho estranho, embora parecesse real.

Tive várias experiências fora do corpo há alguns anos. Pode-se fazer isso intencionalmente, utilizando diversas técnicas de meditação, mas a prática é necessária. Às vezes, meu corpo espiritual flutua em volta da casa ou em outro lugar qualquer. Muitas pessoas, no mundo inteiro, vivenciaram fenômenos semelhantes. Nosso eu espiritual (nossa personalidade) desliga-se do corpo físico e leva consigo a consciência. Há histórias célebres em que outros testemunham esses eventos; de fato, uma antiga amiga minha acordou e viu seu namorado "secreto" aos pés da cama. Os dois haviam passado uma noite proibida juntos e não queriam se separar. Parece que seus espíritos também não, pois, quando ela olhou mais atentamente, o "corpo" do namorado se desfez no ar: apenas o espírito dele viera visitá-la.

Um ajudante inconsciente

Os anjos muitas vezes nos visitam quando estamos dormindo ou inconscientes. Lembro-me de que, um dia, meu pai "voou" do hospital até em casa e me contou tudo o que vira pelo caminho. Sim: quando digo "voou", refiro-me ao fato de seu "corpo espiritual" ter empreendido a viagem fora do plano físico. O que ele fez foi o que chamamos comumente "experiência fora do corpo".

Essas experiências são surpreendentemente comuns e podem acontecer quando a pessoa está perto da morte ou muito doente, mas também quando seu corpo está cansado ou inquieto. Há quem tenha passado por isso apenas por pensar que morreria: então o espírito, literalmente, é expelido do corpo. Pode acontecer igualmente por acaso, quando o corpo recebe um choque. Eu nunca soube de nenhum efeito negativo dessas viagens para fora do corpo.

Papai estava doente quando teve sua experiência fora do corpo, apenas três meses antes de morrer. À medida que sua hora se aproximava, foi se tornando mais maleável fisicamente. Naquela noite, estava sozinho no hospital, muito agitado. Sabendo que eu tinha interesse por tudo o que se refere à paranormalidade, sem dúvida me escolheu, entre as filhas, para sua primeira visita.

Quando minha irmã Debbie teve também essa experiência, censurou-me. É que antes já havíamos conversado sobre o fenômeno e ela achou que, falando a respeito do assunto, eu de algum modo precipitara o acontecimento (ah, se fosse tão simples assim!). Debbie acordou de repente... Mas não em seu corpo físico. Estava rolando para frente e para trás em seu corpo astral (espiritual). Isso já aconteceu com você? Ingerir muito álcool pode provocar uma experiência semelhante (mas não agradável). Você nunca caminhou em direção às estrelas quando estava embriagado, sentindo que o resto de seu corpo o acompanhava com dificuldade, como que rastejando? As paredes parecem se mover enquanto você fica parado (o que também não é agradável, certo?).

Jacky Newcomb

Eis aqui um "sonho" em que se voa, mas que na realidade é uma experiência fora do corpo. Parece loucura? Pois leia.

Ensinando o caminho

Como não sabia dirigir, minha amiga me pediu que a levasse para visitar seus pais no interior (Bundanoon, no estado de Nova Gales do Sul, na Austrália) no fim de semana. Era uma viagem que eu nunca fizera, de modo que ela se prontificou a trazer um mapa rodoviário no dia seguinte.

Coisa estranha e surpreendente, tive uma noite agitada e um sonho dos mais propícios. Nele, alguém me acordava e, levando-me consigo, mostrava-me a estrada toda, inclusive uma ponte ferroviária que somente os moradores locais conheciam.

Quando fui trabalhar, na manhã seguinte, e contei à minha amiga sobre o visitante oportuno, ela não acreditou – e ainda não acredita – que eu nunca passara por aquela estrada.

Tanya, Austrália

O visitante era um anjo ou o guia espiritual de Tanya? Quem quer que fosse, achou sem dúvida que seria prudente lhe ensinar o caminho. Isso dá o que pensar, não? Tanya e sua amiga corriam o risco de se perder? A viagem poderia ser perigosa ou, no mínimo, inconveniente? Nunca saberemos, mas o fato de terem chegado sãs e salvas a seu destino, sem que nada de ruim lhes acontecesse, já é mágico em si mesmo! As experiências fora do corpo, como essa, podem ajudar muito e frequentemente ocorrem quando temos extrema necessidade de ir a algum lugar ou nos encontrar com alguém.

Você já foi visitado por algum espírito prestimoso, que lhe deu boas notícias ou bons conselhos em sonho? Eu muitas vezes recebo informações dessa maneira. Meus anjos e guias (e mortos queridos) parecem achar mais fácil entrar em contato comigo quando estou dormindo.

Um ajudante inconsciente

Embora se comuniquem o dia inteiro por meio de pensamentos e sensações sutis, prefiro o conselho "mais concreto" que ocorre durante o sono. Eu vejo realmente meus anjos quando durmo: aparecem para um bate-papo ou mostram-me coisas para se certificar de que captei a mensagem. Não há mal-entendidos nessas conversas; admito, porém, que nem todos os ajudantes espirituais atuam da mesma maneira: alguns têm uma abordagem mais do tipo "mãos à obra", gostando que nós mesmos façamos o trabalho. Uma amiga norte-americana me disse que seus guias espirituais gostam de lhe propor enigmas (o que me deixaria maluca, devo confessar!). Ainda bem que não somos iguais.

Um pequeno conforto

Temos examinado, neste livro, todos os tipos de cura angélica, mas nem toda experiência precisa ser extraordinária. Às vezes, a melhor intercessão ocorre quando entes queridos trazem um pouquinho de conforto para nossas vidas. O encontro pode ser sutil, mas, quando um morto que amamos se aproxima de nosso corpo físico, "sentimos" tanto quanto percebemos sua presença. Os mortos não precisam falar, e pouco importa que os vejamos ou não.

Os seres humanos têm uma capacidade muito apurada de captar informações pelos sentidos.

Você já entrou numa casa que dava arrepios ou já esteve em situações em que se sentiu totalmente alerta? Às vezes, sabemos que estamos em perigo apenas por notar uma mudança de energia na atmosfera.

Sabe quando você e um ente querido estão pensando a mesma coisa, como se lessem os pensamentos um do outro? Às vezes, ao ouvir uma frase, rimos e comentamos: "Eu ia dizer exatamente isso!". Quando se vive com uma pessoa por muitos anos, a conexão não se rompe com a morte. Pensamentos e mentes continuam ligados como se fossem uma coisa só. Se sentimos intensamente que um morto querido está conosco, com toda a certeza ele está. Segue a história de Vivienne, enviada por e-mail.

JACKY NEWCOMB

JOELHOS AQUECIDOS

Meu marido se foi há dois anos e, durante todo esse tempo, sempre me protegeu. Nunca gostei de ficar sozinha à noite, mas, mesmo sem ele, sinto-me totalmente segura. Onze semanas depois de sua morte, resolvi consultar um médium na esperança de que meu marido me enviasse uma mensagem do além. Enquanto eu me arrumava, as luzes do banheiro piscavam intermitentemente e só pararam quando reconheci a presença dele. Fiquei deslumbrada.

Outras coisas estranhas aconteceram também e sempre me pergunto se meu marido teve algo a ver com elas. Houve porta-retratos que precisaram ser endireitados e marcas na cama, como se alguém tivesse se sentado ali. Na primavera, sinto sempre um forte aroma de narcisos dentro de casa!

A presença mais óbvia de meu marido é à noite, quando lhe peço para aquecer meus joelhos – uma piada velha em casa, pois era eu quem sempre aquecia seus joelhos depois que ficava trabalhando em sua oficina até tarde da noite. Em princípio, era apenas uma sensação tépida sobre as rótulas, embora minha pele permanecesse fria. Agora, a sensação se estende pelas pernas inteiras e é como se houvesse um peso sobre elas ou como se ele estivesse deitado em cima de mim. Uma sensação das mais reconfortantes saber que meu marido nunca se ausenta.

Uma vez, cheguei a ver seu rosto: parecia ter cerca de 30 anos, embora houvesse morrido com 56. Li seu livro *An angel saved my life* [Um anjo salvou minha vida] e estou lendo *An angel by my side* [Um anjo ao meu lado]. A meu ver, esses são relatos dignos de crédito de experiências que outras pessoas tiveram com seus entes queridos. Espero confiante que, um dia, consiga fazer contato com minha alma gêmea sem a intercessão de um médium.

Vivienne, Nova Zelândia

Um ajudante inconsciente

Mas parece que o marido de Vivienne já a visita sem necessidade de um médium, não é? E, por sinal, os espíritos quase sempre nos aparecem mais jovens do que quando morreram, talvez para dizer: "Veja como estou bem!". Aliás, eles podem se mostrar do jeito que querem, apesar de a maioria preferir os traços de sua encarnação mais recente... Ou seja, com a aparência que tinham quando faleceram, mas na melhor versão possível de seu eu terreno.

Quem são os anjos que prestam ajuda nas histórias seguintes?

Anjos que cuidam de nós!

Quando era adolescente, vivi com um homem violento. Certa vez, após uma discussão, ele me espancou de tal maneira que, ao sair de casa, caí no jardim sobre a neve. Ali estendida, tentei erguer a cabeça e me levantar, mas não tive forças. Lembro-me de ficar muito tempo de rosto para baixo, olhando o chão branco e me sentindo aquecida, sonolenta... Meu último pensamento antes de adormecer foi quão feliz e tranquila estava naquele instante, a ponto de só querer dormir, o que de fato aconteceu.

Pouco antes de acordar, vi-me sentada num quarto muito branco. Uma pessoa se aproximou e me disse: "Você não pode ficar aqui, precisa voltar para casa. É hora do jantar e você tem de comer". Não sei quem era aquela pessoa, mas lembro-me de ter pensado: "Não, não estou com fome. Quero ficar aqui". Subitamente, avistei uma luz muito, muito brilhante e então me senti desesperadamente faminta. A luz refulgia, e minha fome aumentava. Abri os olhos: a luz continuava lá e comecei a vislumbrar coisas como lâmpadas de teto e cortinas nas quais bonitas flores logo entraram em foco. Havia alguém comigo, dizendo que eu estava bem, num hospital... Sem perceber, permaneci em coma por cinco dias depois de dar entrada no hospital com grave hipotermia. Fui encontrada de rosto afundado na neve por um leiteiro que fazia suas entregas – e ficara naquela posição por doze horas! O homem pensou que eu estava morta. Tão logo saí do coma, gritei: "É hora do jantar?".

Eu nunca soube quem era o leiteiro que me encontrou na neve aquela noite e, certamente, não chegara ainda a minha hora de partir.

Outra coisa estranha me aconteceu quando tinha 16 anos. Eu costumava fazer caminhadas logo nas primeiras horas da manhã, principalmente para fugir das discussões em casa com meu violento namorado... Num desses dias, ele me encontrou no centro de Norwich e quis me levar para casa. Então, não sei por qual motivo, ergui os olhos para uma casa diante da qual passamos e vi, no alpendre, um anjo que me observava atentamente... Não era o tipo de anjo "normal" de que as pessoas falam nos livros, com asas e auréola. Aquele tinha pelo menos uns três metros de altura e vestia-se de preto da cabeça aos pés. Num primeiro momento, pensei que era uma estátua à entrada da casa; estávamos em novembro e talvez aquela fosse alguma decoração antiga de Natal. Fiquei olhando para ele pelo que me pareceram vários minutos, mas devem ter sido apenas uns poucos segundos. Alguns passos à frente, eu disse a meu namorado: "Olhe para trás". Viramo-nos e... Não havia nada no alpendre.

Passei, desde então, várias vezes diante da tal casa e nunca vi de novo aquela figura nem outra qualquer – e nunca achei explicação para o fato.

Já adulta, tive várias experiências menos intrigantes em que via rostos tão logo fechava os olhos para dormir e, também, sonhos muito vívidos nos quais certas pessoas e lugares me despertavam fortes emoções. No entanto, sou medrosa e fico assustada quando coisas assim acontecem comigo. Acredito, todavia, que alguém vela por mim e me protege. Sempre que preciso, alguém ou alguma coisa acorre em meu auxílio e nunca me sinto totalmente só. Espero superar meus medos a fim de aprender mais com essas experiências.

Naomi, Inglaterra

Um ajudante inconsciente

Na doença... E na saúde

Sim, é mesmo curioso: você se lembrava de sua irmã como ela era ao morrer, de cabelos grisalhos e bengala, mas, no sonho, viu-a com longos e sedosos cabelos negros. Ela só quis mostrar que gostaria de ter estado com aquela aparência quando se foi: sua ideia do eu "perfeito". O "corpo" espiritual se apresenta cheio de saúde, íntegro e sem sinais das doenças que o atormentaram em vida.

Meu próprio pai me apareceu de várias maneiras após a morte (escrevi sua história no livro *Call me when you get to heaven* [Me chame quando chegar ao céu], a quatro mãos, com minha irmã Madeline Richardson). Às vezes, como era quando faleceu – de bengala e óculos, cheirando a hortelã –, especialmente ao visitar seus netos, mas quase sempre mais jovem. Corria e até saltava, como para nos dizer que agora, morto, estava bem e recuperado!

Mantendo a promessa de se comunicar do céu

Joel e Albert tinham HIV. Alguns leitores se lembram de que, no começo, o diagnóstico de HIV em muitos países equivalia a uma sentença de morte. Progressos na medicina provaram que esse nem sempre é o caso, e hoje muita gente com Aids vive quase normalmente. No entanto, quem quer que tenha uma doença grave acaba refletindo sobre sua mortalidade, e Joel e Albert não constituíram exceção. Joel diz: "Juramos nos comunicar um com o outro para garantir que há vida após a morte. Queríamos acreditar que existe alguma coisa além deste mundo e seus sofrimentos".

Depois de morrer, Albert começou a enviar sinais e mensagens... A maioria para Joel e outros amigos íntimos. De vez em quando, Joel conseguia até ouvir suas palavras (na mente) e captar certos indícios, inclusive uma luz translúcida que surgia acima de sua cabeça e beija-flores que regularmente apareciam como o sinal especial de Albert. (A história completa deles está em *Sinais*, de Joel Rothschild.)

Jacky Newcomb

Perigo e aflição
Esta história aconteceu há muitos anos...

Anjo motorista

Meu pai faleceu em 1972, com 58 anos, depois de sua saúde passar por altos e baixos durante muito tempo. Trabalhava numa siderúrgica em Scunthorpe e fazia bico como limpador de chaminés.

Em 1975, meu irmão Tom se mudou com a família para a Austrália. Decidiriam ir por mar partindo de Southampton, de modo que mamãe e eu fomos até lá com eles (passando a noite na cidade) e os vimos embarcar no navio. Deveriam sair ao meio-dia, mas houve um atraso. As horas corriam, e o barco não partia. Mamãe e eu queríamos de todo jeito acenar para eles quando iniciassem a longa viagem. As crianças foram para a cama, pois tinham 11, 8 e 4 anos de idade. Nós duas não arredamos pé e, por fim, éramos as únicas no cais. Por volta das duas horas da madrugada, o navio finalmente partiu. Acenamos como loucas, gritando e fazendo o maior estardalhaço ali no cais, no que fomos correspondidas por meu irmão e minha cunhada.

Não paramos até eles estarem fora de vista. Sempre me lembro de meu pai ouvindo no rádio uma música de Charley Pride intitulada "Crystal chandeliers" [Candelabros de cristal]; e, enquanto víamos o navio desaparecer a distância, mamãe e eu nos entreolhamos e concordamos que ele parecia exatamente um candelabro de cristal!

Só então nos demos conta de que estávamos numa cidade estranha, de madrugada. Tínhamos de achar o caminho de volta para a casa onde nos hospedáramos e dormir as poucas horas que ainda restavam da noite, mas não sabíamos que rumo tomar. Não havia, é claro, ninguém por perto àquela hora e fomos andando na direção do centro, esperando encontrar um táxi. Como que do nada, apareceu um velho furgão dirigido por um homem de boné e cachecol branco no pescoço. Não vi seu rosto. Pergun-

Um ajudante inconsciente

tou para onde estávamos indo e se queríamos uma carona. Como éramos duas, aceitamos logo.

Chegando ao nosso destino, descemos e agradecemos ao homem. Conferimos rapidamente o número da casa e, quando nos voltamos para acenar-lhe... Não havia furgão em parte alguma! A rua era comprida e reta, sem esquinas e somente com uns poucos veículos estacionados. Não podíamos acreditar naquilo e, de repente, dissemos ao mesmo tempo: "Está sentindo cheiro de fuligem?". Meu pai usava um velho furgão em seu bico como limpador de chaminés e punha nele os sacos de fuligem quando terminava o trabalho! Além disso, sempre usava boné e cachecol branco. Tenho certeza de que esteve conosco no cais para se despedir do filho que deixava o Reino Unido em busca de uma vida nova e, também, para se certificar de que mamãe e eu chegaríamos sãs e salvas ao nosso destino. Sua visita tornou aquela reunião familiar ainda mais especial. Sabemos que papai foi o nosso motorista angélico!

Mamãe faleceu em 1991 e, desde então, várias vezes senti seu perfume perto de mim. Agora costumo pedir a ajuda dos anjos, que com frequência me mandam sinais, inclusive penas brancas. Esse é o melhor remédio e por isso lhe agradeço muito por seus livros. Vou ler todos os que você escrever.

Betty, Inglaterra

Obrigada a *você*, Betty. Continuarei, sim, escrevendo livros que inspirem e animem você e todos os meus leitores! Mas basta quanto a isso. É hora de mais histórias fascinantes.

Ajudante de cura

Minha avó (mãe de meu pai) morreu durante o parto. Era irlandesa e tinha sete filhos. Não a conheci e não me lembro sequer de ter visto uma foto dela.

Jacky Newcomb

Quando meu pai trabalhava nos Estaleiros Reais, certa vez senti a presença de uma mulher ao meu lado, mas ela não estava visível... Exceto pelo punho de sua luva. Tornou-se minha "amiga". Continuei sentindo sua presença ao longo da vida. Certa vez, quando tive uma experiência de quase morte, ela veio até mim no hospital. E tudo o que consegui ver de novo, fisicamente, foi o bonito punho de sua luva. Um dia, meu primo me mostrou a foto de duas crianças elegantemente vestidas, uma no colo de uma mulher, a outra num banquinho. A mulher tinha o queixo semelhante ao meu e parecia a irmã mais nova de papai. Então, reparei nas luvas que, senti no momento, tinham estado comigo desde que nasci. Agora é tarde para perguntar ao meu pai, mas sei que ela continua ao meu lado. Mas será minha avó ou minha tia?

Conservo a fotografia em minha penteadeira, e ela é a primeira pessoa que vejo ao acordar e a última antes de dormir. Se estou em perigo, essa mulher me reconforta, e posso sentir o perfume de rosas murchas em suas mãos. Virá me buscar quando chegar a minha hora de partir, pois sei que está sempre por perto.

Pauline, Inglaterra

Ver um punho de luva é uma coisa... Ouvir uma voz, outra bem diferente! Como muitos autores de histórias neste livro, Sarah trabalha como acompanhante.

Dê-me um sinal

Bem, por onde devo começar? Tenho 30 anos, sou mãe de dois garotos e fui casada por dez anos. Sempre trabalhei como acompanhante e muitas vezes presenciei a morte. No passado, vi silhuetas de pessoas, além de ouvir, ver e sentir coisas. Mas repudiava essas experiências porque, acreditando em Deus, via os fenômenos psíquicos como assunto proibido. Agora sei que não são!

Um ajudante inconsciente

Meu querido pai faleceu na véspera do Ano-Novo de 2006. Teve um ataque cardíaco. Estava doente havia meses, mas não fazia nada a respeito: até hoje não sei por quê. Meu mundo caiu quando ele morreu.

Durante anos salvei vidas, mas não pude salvar a de meu pai. Todos os dias, por duas semanas antes do funeral, eu lhe gritava: "Apenas me diga se está bem e eu também estarei. Dê--me um sinal, qualquer coisa assim, e me sentirei mais forte". Cheguei a contar ao padre o que pedira a papai, mas ele não aprovou meu pedido.

Bem, no dia do funeral reunimo-nos na casa de meu irmão. Estávamos todos lá; até seus parentes da Alemanha tinham vindo. Alguns eu conhecia, outros não. Antes de sairmos, fui ao banheiro no andar de cima, mas, coisa estranha, encontrei a porta fechada. Bati e não obtive resposta; chamei em voz alta e tentei abri-la, mas estava trancada. Então, esperei.

Pouco depois, uma de minhas tias subiu as escadas para também usar o banheiro. Expliquei-lhe que havia alguém lá dentro e era melhor lhe darmos um tempo. Conversamos por alguns minutos sobre papai e logo depois minha cunhada chegou com o mesmo propósito. Eu lhe disse que tínhamos de aguardar, mas já estava ficando desesperada. Chamei de novo e, como ninguém respondesse, girei o trinco e empurrei a porta; nesse momento uma voz disse claramente: "Sou eu". Pensei que fosse meu irmão, por isso descemos as escadas (ele poderia ficar constrangido se continuássemos ali). Quando atravessei a sala a caminho da cozinha, vi meu irmão sentado à mesa. Comecei a entrar em pânico e olhei em volta para me certificar de que todos estavam no térreo. Eles já se perguntavam o que havia de errado comigo, pois a essa altura eu já estava histérica e contando ao meu irmão sobre a voz que ouvira lá em cima. Minha tia e minha cunhada também a tinham ouvido!

Ele me tranquilizou e subiu para dar uma olhada. Dessa vez, a porta se abriu facilmente e não havia ninguém lá dentro. Devo ter me enganado: não era meu irmão, era meu pai. Não fiquei com medo de meu pai, apenas preocupada imaginando que ele talvez não soubesse que morrera. Depois de me acalmar um pouco, comecei a rir. Aquele fora o sinal claro que eu estivera esperando, testemunhado também por outras pessoas. Agradeci a papai e tive forças para chegar bem ao fim do dia.

Depois disso, avistei frequentemente a silhueta de papai no jardim ou em casa; às vezes sentia também seu cheiro e sempre lhe dizia *olá*. Certa noite, fui acordada por um beijo no canto da boca. Pensei que fosse meu marido, mas ele estava dormindo profundamente ao meu lado. Fechei os olhos e vi papai. Sua aparência era diferente de quando morrera; estava sorrindo e sua figura era toda em branco e preto. Dei por mim conversando com ele mentalmente e dizendo-lhe que podia vê-lo muito bem. A cena durou poucos minutos. Desde então, nunca mais o vi nem ouvi.

Hoje sei que não é errado ver essas coisas... E que não estava louca. Pretendo continuar investigando a vida após a morte e já não sinto medo algum.

Sarah, Inglaterra

Eis outra grande história, esta sobre uma visita especial, em sonho, de um amigo do qual Anneka cuidou numa casa de repouso. Anneka conseguiu mesmo causar furor!

Batatas fritas!

Eddie era um homem amável, que confiava muito em mim. Dava-me saquinhos de batatas fritas todos os dias. E todos os dias, antes do início de meu turno, eu o via por alguns minutos. Certa vez, estava saindo quando ele me perguntou: "Mais batatas?". Respondi que ia para casa e, mais tarde, pegaria o

Um ajudante inconsciente

saquinho. Acordei na manhã seguinte de um sonho dos mais estranhos! Um jovem, de olhos maravilhosamente azuis (e familiares), estava sentado ao meu lado. Disse, sorrindo, que eu o conhecia. Eu sabia que era um fantasma, mas ninguém mais no sonho conseguia vê-lo.

Então o cenário mudou, e eu estava me despedindo dele. Antes de se virar para ir embora, entregou-me um saquinho de minhas batatas favoritas, dizendo: "Não quero que fique sem elas". Não pude tirar esse sonho da cabeça. Mamãe trabalha no mesmo lugar que eu e me ligou avisando que Eddie morrera. Fiquei desnorteada, mas então compreendi tudo: fora Eddie quem me aparecera no sonho, mas bem mais jovem e saudável!

Dias depois, uma das diretoras me encarregou de arrumar o quarto de Eddie. Perguntei-me por que ela escolhera justamente a mim, quando havia centenas de funcionários trabalhando no local, mas cheguei à conclusão de que aquilo tinha algo a ver com o fato de eu ser a única que Eddie admitia em seu quarto quando estava vivo. Uma semana mais tarde, pensando em meu amigo antes de ir para a cama, pedi um sinal de que ele estava bem. Tive então, de novo, um sonho estranho. Ele estava na casa de repouso, perto do quarto que ocupara. Eddie apareceu e contou-me que "não deixam as pessoas ficar fora por muito tempo, 'lá em cima'". Caminhamos juntos até seu antigo quarto e eu lhe disse que agora outra pessoa o ocupava; Eddie respondeu que não se importava. Voltara somente para me mostrar que estava ótimo; e, depois de dizer isso, foi-se. Não é realmente estranho?

Anneka, Inglaterra

É realmente estranho, Anneka, mas também maravilhoso!

Eis outra criatura prestimosa do outro lado. O pai de Cynthia não era médico, mas, do céu, podia obviamente perceber coisas que sua filha não perceberia nunca!

Jacky Newcomb

É VOCÊ, PAPAI?

Quero lhe contar uma experiência que tive em 2002, mas devo recuar um pouco no tempo para você entender como tudo aconteceu.

Em 1988, meu pai morreu subitamente, de ataque cardíaco. Fiquei muito abalada porque não estávamos nos falando, devido ao seu problema de alcoolismo. Passado algum tempo, em outubro de 2002, comecei a me sentir muito mal durante uns dois dias. Não conseguia respirar direito, tinha dores no tórax e náuseas, precisando ficar em casa sem trabalhar. De repente, senti um perfume muito forte. Parecia me seguir aonde quer que fosse, e perguntei a outras pessoas da família se também podiam senti-lo, pois era realmente muito intenso; mas não, eu era a única.

Mais tarde, após me deitar, adormeci quase imediatamente; e, quase imediatamente também, tive a sensação de que acordava. Não estou bem certa de todos os detalhes, mas havia alguém de pé junto à minha cama que parecia meu pai e falava como ele. Ouvi-o dizer claramente: "Eu só tinha 52 anos...Pense nisso". Em seguida, desapareceu.

Na manhã seguinte, tive um infarto e fui parar no hospital. Os médicos descobriram que eu precisava de dilatadores coronarianos e a operação foi marcada para o início de 2003. Mas, não sei por que, fiquei muito mal em dezembro e acabei sendo internada de novo no dia 8... Data do aniversário de papai. A cirurgia ocorreu em 14 de dezembro (dia do sepultamento de papai). Desde então estou bem, mas sempre me pergunto se quem me apareceu naquela noite foi mesmo ele.

Ah, antes que me esqueça, adoro anjos, tenho vários deles pela casa toda, até em meu carro!

Cynthia, Escócia

Como você se sente com relação a essas experiências reais? Pois sabe que são reais, não? E agora, mais histórias!

Um ajudante inconsciente

Minha filha é protegida por meu amigo falecido

Eis a experiência que abriu meus olhos para os anjos. Não se trata de um milagre extraordinário, mas é algo muito precioso para mim. Estava no hospital para ter meu quinto filho. Ignorava seu sexo, mas achava que seria um menino e escolhera para ele o nome Daniel Craig, em lembrança de dois amigos íntimos que haviam morrido em diferentes ocasiões e acidentes de carro. Eu não tinha mais contato com o pai da criança (ele se esquecera de me dizer que era casado!) e estava pensando em entregar o bebê para adoção. O médico me aconselhou a não tomar essa decisão ainda e a esperar até ter a criança para decidir o que realmente queria. Meu emprego era de período integral, mas tanto minha família quanto meus amigos insistiam em que não havia motivos para eu não criar sozinha o bebê etc., e que eu poderia muito bem cuidar dele, mesmo trabalhando. Enfim, passei por uma cesariana sob forte anestesia e estava acordando na sala de recuperação quando tive uma estranha experiência. Não sabia ainda qual era o sexo do bebê no momento em que percebi alguém ao lado de minha cama. A pessoa (acho que era meu falecido amigo Craig) me disse que eu tivera uma menina e que ela deveria se chamar Karlee (chegou a soletrar o nome para mim). Meu último bebê (também uma menina) nascera de cesariana e eu nunca passara por experiência semelhante. Até então, eu não havia escolhido nenhum nome de mulher. Então acordei e perguntei à enfermeira qual era o sexo do bebê e ela respondeu que eu tivera uma menina. Intrigada, perguntei a mesma coisa a outra enfermeira, e a resposta foi idêntica. Dias depois, já no quarto do hospital, eu pensava no que acontecera (ainda sentia os efeitos da morfina, aplicada durante os primeiros dois dias na veia) e no nome que escolhera para minha filha. Lembrei-me então de que eu tinha uma irmã chamada Karole e outra chamada Lee-Anne, nomes que juntos formam "Karlee". Antes dessa experiência, eu não pensara em nome nenhum e muito menos em associar esses dois! Eu tinha outra irmã chamada Melinda, cujo nome eu dera a uma de minhas filhas mais velhas. Karlee nasceu quase quatro semanas antes do tempo (tive problemas e dei entrada no hospital para evitar um parto prematuro), justamente no dia do aniversário de Craig, que morreu de maneira tão trágica. Hoje, acredito que Craig escolheu o nome e ela nasceu no dia de seu aniversário para que eu nunca o esquecesse. Depois dessa experiência, nem pensei mais em entregá-la para adoção.

Há pouco, fui visitar a cruz ao lado da estrada no ponto onde ocorreu o acidente e depositei ali uma flor (sempre faço isso ao menos uma vez por ano, o mais perto possível de seu aniversário ou da data de sua morte). Ele se foi há cinco anos (e, durante todo esse tempo, nunca o esqueci); pedi-lhe então um sinal de que sabia que eu estava ali e não o esquecera, e de que podia me ouvir quando eu falava com ele (fiquei mais aberta a essas experiências depois do que passei no hospital e regularmente converso com Craig como se ele estivesse ao meu lado). Em questão de segundos, o caminhão do pai de Karlee passou pelo local (eu não o via há muito tempo) e, como a menina nascera no dia do aniversário de Craig, acredito que essa foi a maneira dele de me comunicar que sabia de tudo e sempre estaria comigo. Obrigada pela chance de lhe contar minha história. Não a contei a ninguém mais, pois ninguém acreditaria nela como eu. Karlee tem agora dois anos e meio.

Vovô guardião

Perdi meu pai há pouco tempo. No entanto, minha netinha diz conversar com um homem velho quando está sozinha no banheiro e garante à mãe que é o "vovô". Explica que o escuta dentro da cabeça e ele lhe recomenda usar sempre o cinto de segurança, coisa que ela detesta fazer. A menina afirma ainda

Um ajudante inconsciente

que o homem é inglês, embora moremos no País de Gales. Toda a família de meu pai era originária da cidade de Bath, e ele se orgulhava muito de seu sangue inglês. Assim, poderia o banheiro ter alguma ligação significativa com água ou "banho" [bath]? Em sua idade, ela não conseguiria fazer essa associação, por isso gostaria de ouvir sua opinião a respeito. Obrigada.

Anastasia, País de Gales

Por favor, não me deixe!

Faz mais ou menos dezoito meses, tive um sério derrame. Deitada na sala de emergência e recebendo tratamento, escutei alguém me dizer: "Por favor, não me deixe!". Ignoro se era meu anjo da guarda ou meu marido, pois logo depois de ouvir essas palavras comecei a voltar à vida. Lembro-me de que meu marido me disse então: "Quase a perdemos". Repliquei: "Não, pois meu anjo da guarda me garantiu que eu não irei a parte alguma por enquanto". Todos os dias, agradeço ao meu anjo pela ajuda e acredito firmemente que minha fé nessas criaturas celestes me salvou naquele dia fatídico. Quando conversava com as enfermeiras, eu lhes dizia sempre: "Confiem em seus anjos, e eles velarão por vocês". Elas me olhavam como se eu fosse de outro planeta, principalmente quando lhes contei que o meu me salvara, pois do contrário teria morrido naquele dia de março de 2009.

Margaret, Inglaterra

O ramo de oliveira

Meu sogro morreu recentemente, uma semana antes do Domingo de Páscoa. Era um homem muito amável e gentil, que jamais disse uma palavra grosseira sobre alguém ou alguma coisa. Era véspera do Domingo de Ramos, e os parentes dele moram a quatro horas de viagem de nós. Assistíamos à missa da primeira comunhão de nosso filho na igreja perto de casa. Às seis horas da manhã, meu filho mais novo recebeu um ramo de oliveira para levar à missa. Dissemos a ele que cuidasse bem daquilo, pois tinha um significado especial. Voltamos da igreja às 7h30 e recebemos um telefonema da irmã de meu marido por volta das 8h45, informando que seu pai sofrera uma queda feia enquanto colhia azeitonas e tivera sérios ferimentos na cabeça. No momento, estavam a caminho do hospital. Imediatamente após ouvir isso, meu marido se preparou para a viagem de quatro horas até a casa dos pais e saiu cerca de 9h15. Parecia uma estranha coincidência – pois não assistíamos à missa do Domingo de Ramos havia muito tempo – que o ramo de oliveira nos fosse entregue justamente no momento em que meu sogro sofrera o acidente ao colher azeitonas. Depois, por volta das 9h40, alguém me sussurrou: "Diga-lhes que os amo". Meu primeiro pensamento foi: "Será meu sogro?". Na hora, não quis acreditar, imaginando que minha mente estava me pregando peças, e respondi: "Não, você ficará bom e dirá isso pessoalmente a eles". Procurei esquecer o assunto, pois realmente não conseguia acreditar naquilo. Então, recebi um telefonema de meu marido, ainda de manhã, dizendo que seu pai se fora. Quando perguntei à minha cunhada quando isso acontecera, ela respondeu que por volta das 9h45. Contei-lhe tudo e ela começou a chorar, sabendo que seu pai me transmitira a mensagem, embora não conseguisse mais falar. Sei que meu sogro pretendia me comunicar mais coisas; cerca de um mês depois, senti um dia uma forte vontade de me sentar e conversar com ele. Podia captar sua presença e, de fato, ele me encarregou de transmitir uma longa mensagem à família. Foi engraçado, pois eu não conseguia ouvir sua voz e ainda assim entendia suas palavras, que imediatamente lançava por escrito num papel. Lembro-me de que a seguinte ideia me ocorreu: "Eu mesma não posso ter pensado tudo isso, foi rápido demais". Achei que a mensagem consolava um pouco a família por sua morte, devolvendo-lhe a paz. Cerca de um

Um ajudante inconsciente

mês depois, tive um sonho muito real em que ele aparecia ainda jovem. Estava em ótima forma, bonito e alegre. De pé no alto de uma colina verde, olhava para baixo, para três homens que desciam. Pensando sobre eles mais tarde, concluí que eram seu pai e seus dois irmãos, já falecidos. Conversavam entre si animadamente e papai sorria observando-os, como se tivesse acabado de lhes falar. Não podia me ver: eu apenas contemplava a cena – uma cena maravilhosa, tranquila. Essa sensação me dominou por muito tempo. Ainda percebo a presença dele ocasionalmente e peço sua ajuda ou orientação quando preciso.

Angela, Inglaterra

Do ponto de vista de uma enfermeira...

Nascimento, vida e morte... Tudo isso acontece no lado oculto da folha.

— Toni Morrison

Médicos, enfermeiros e profissionais de saúde em geral têm a oportunidade única de estar com frequência ao lado de pacientes quando eles passam para o outro lado da vida. Hoje, achamos aterradora a perspectiva da morte, mas essa é uma experiência às vezes mágica e muito especial para aqueles que acompanham os moribundos, especialmente nos derradeiros instantes. A morte nas esferas terrenas é apenas o nascimento nas esferas celestes. Como no caso da borboleta que emerge do casulo, o fim de uma forma leva a uma vida nova e mais bela.

Atendentes à beira do leito no momento da transição costumam presenciar fenômenos paranormais: raios de luz, música angélica, perfumes florais, visões de anjos ou espíritos...

A perda de um ente querido é, para quem fica, a experiência mais dolorosa que existe; mas, para quem parte, pode ser a mais sublime. Depois que o espírito se desprende e sai do corpo físico, a dor deixa de existir e já no início do processo o moribundo

Do ponto de vista de uma enfermeira...

comunica o que viu, ouviu e sentiu. Fato curioso, muitas enfermeiras, curadores e atendentes compareçam aos meus seminários. Dizem que querem entender melhor os aspectos espirituais da morte para ajudar mais seus pacientes. Isso não é maravilhoso?

Como é estar ao lado de uma pessoa no momento em que ela se vai? Conversemos com alguns especialistas.

As últimas horas segundo uma testemunha ocular

Ocupo uma posição das mais privilegiadas no hospital – pois, muitas vezes, permaneço ao lado de um paciente no momento em que ele passa desta vida para a próxima. Durante muitos anos, fui testemunha dos fenômenos que ocorrem quando a pessoa morre e por isso resolvi evoluir psiquicamente para entender a fundo essa experiência espiritual peculiar.

Como se sabe, o ser humano possui uma aura, uma irradiação de energia colorida que envolve seu corpo inteiro. Isso se aplica também ao moribundo, embora, nesse caso, ela não seja tão brilhante nem tão fácil de ver. Pela minha experiência, a aura vai se desvanecendo rapidamente à medida que a morte se aproxima; as cores se diluem em tons difíceis de descrever, mas só se dissipam completamente, muitas vezes, uma hora depois que a pessoa morre.

Durante um turno da noite, recebi a incumbência de ir ver uma paciente idosa. A equipe receava que ela estivesse piorando. Entrei no quarto e avistei uma mulher frágil estendida na cama, inconsciente. Respirava com dificuldade, sua pele estava muito pálida e sua aura parecia um leve vapor acinzentado que mal se distinguia do branco do travesseiro.

Chamei a assistente e pedi-lhe que entrasse em contato com a família, pois a mulher estava à beira da morte. Sentei-me na cama, acariciando-lhe delicadamente a mão e garantindo-lhe que logo seus familiares chegariam. Ali em silêncio, notei uma luz com o canto do olho. O quarto estava fracamente iluminado, mas a luz era de um azul brilhante e parecia provir de um dos cantos, à esquerda da janela. Quando minha visão se acomodou, percebi formas no centro da luz, humanas em volume e estatura, mas estranhamente destituídas de características físicas/faciais e parecidas a sombras. A luz se deslocou furtivamente para os pés da cama e ali permaneceu, quieta e imóvel. Olhei para a paciente: seu rosto agora estava sereno, quase sorrindo. Quando emitiu o último suspiro, sua aura quase se esfumou contra o branco do travesseiro. Voltando-me para a luz, notei que ela também praticamente se dissipara e se afastava dos pés da cama, já indiscernível na luz suave do quarto.

O ambiente não podia estar mais tranquilo, e eu me congratulei por ter tido a sorte de testemunhar um fenômeno tão maravilhoso, que confirmava minha crença de que nossos entes queridos nos acolhem ao fim desta vida e nos levam em segurança para a próxima.

Terri, Inglaterra

Parece que a paciente de Terri não disse nada e não comunicou sua experiência de nenhuma forma, mas muitos o fazem. Kerry é uma enfermeira que conheço há anos. Naturalmente, não divulga detalhes pessoais sobre seus pacientes por razões de ética profissional. Eis sua história:

UM ANJO ACOLHE UM MORIBUNDO

Um paciente de quem eu cuidava me chamou ao seu quarto de hospital. Todos sabíamos que ele estava nas últimas e, infelizmente, a medicina não podia fazer mais nada para curá-lo ou prolongar-lhe a vida.

Ele queria partilhar sua experiência comigo e me confidenciou que vira um anjo bem ali no quarto. Acrescentou que estava quase pronto para partir e sabia muito bem o que vira: "Você talvez não acredite em mim, mas eu realmente vi um anjo".

Do ponto de vista de uma enfermeira...

Assegurei-lhe que acreditava nele, sim, e também em anjos. O paciente disse que não tinha medo de morrer e que o céu lhe parecia um bom lugar para ir.

Ele queria dizer algumas coisas antes de partir e, quando meu turno terminou, pediu a alguém que anotasse suas palavras. Logo depois, faleceu. Segundo meus colegas, serenamente.

Kerry, Inglaterra

Em seus últimos dias de vida, uma amiga de minha família me contou que vira seu quarto cheio de anjos cantores. Eles a despertaram à noite, o que achei bastante divertido. Concluí que ela ficara mais encantada com a visão angélica do que aborrecida com o fato de acordar!

Eis outra história sobre uma jovem cuja função era ficar ao lado dos moribundos. Com o tempo, aprendemos muito sobre o que acontece antes e, às vezes, imediatamente depois da passagem para o mundo espiritual.

REUNIDOS

Quando eu tinha 19 anos, trabalhava numa casa de repouso que acolhia idosos e deficientes mentais. Eu gostava do trabalho, mas até então não vira ninguém morrer. Parte de minhas obrigações era permanecer ao lado dos residentes quando sua hora se aproximava. A única mulher que me ficou na memória foi uma que chamarei de Peggy. Era uma pessoa amável quando estava num bom dia, mas ligeiramente distraída às vezes – coisa da idade. Um dia, durante meu turno, ela dormiu a maior parte do tempo, mas de súbito acordou e olhou diretamente à sua frente. Estava sem dúvida vendo alguém que eu não conseguia enxergar. Então disse à figura postada aos pés da cama: "Mamãe, você voltou!".

Eu sabia que ela estava realmente vendo sua mãe em espírito. Em seguida, Peggy se pôs a conversar com a recém-chegada;

muita coisa eu não consegui entender, mas o assunto principal era que sua mãe e outros membros da família tinham vindo para conduzi-la ao além.

A expressão no rosto de Peggy era de puro amor pelos familiares – e de paz. Ela não disse mais nada a ninguém da equipe a partir daí, apenas conversou com a família quando esta a visitava em espírito; mas não havia dúvida de que seus parentes estavam ali para auxiliá-la.

Chegada a hora de se reunir a eles, Peggy levantou a mão e agradeceu à mãe por voltar a fim de lhe mostrar o caminho. Mergulhou na inconsciência por algumas horas antes de finalmente partir.

Desde então, tenho permanecido ao lado de muitos pacientes idosos no momento em que transitam para a outra vida – a qual, pelo que constato, existe mesmo. Os entes queridos que já se foram vêm nos visitar. Em algumas ocasiões, fiquei sabendo intuitivamente que meus pacientes haviam partido quando eu não estava em serviço, mesmo nos casos em que a morte foi inesperada. Certa vez, comecei a receber visitas de uma mulher em sonhos e sabia que ela tentava me dizer alguma coisa. Nessa ocasião, por motivo de doença eu não estava trabalhando, mas, cerca de uma semana depois, soube que a mulher falecera justamente no momento em que me apareceu pela primeira vez.

Elaine, Inglaterra

Ficar ao lado de um moribundo é um trabalho muito especial; e também emocionalmente desgastante, sobretudo quando conhecemos a pessoa. Há pouco, a mãe de uma amiga minha expirou em seus braços. Desde então, toda vez que fecha os olhos, ela revê aquele alento final, que não lhe sai da cabeça... Os leitores que já passaram por essa experiência sabem bem o que digo. No entanto, conforme já expliquei antes, pode ocorrer que nossos parentes esperem até sairmos do quarto para eles abandonarem o corpo terreno de uma vez por todas! É como se precisassem de privacidade nos derradeiros instantes.

Não sinta remorso se não estiver por perto quando um ente querido falecer. Não é possível a ninguém ficar ao lado da cama de todos os parentes que morrem. Pensar que seja é absurdo. Como vimos pelas experiências deste capítulo, nossos entes queridos nunca estão sós na hora da passagem. Há sempre alguém com eles, mesmo que invisíveis para nós neste lado da vida!

Quem está esperando do outro lado?

Frequentemente, o moribundo vê apenas uma pessoa (em princípio), mas depois encontra várias outras, logo após a morte ou pouco antes, aguardando-o literalmente em volta da cama. Quando "a nossa hora" se aproxima, somos informados disso. Um guia ou morto querido aparece para dizer: "Chegou o momento... [preencha a lacuna com o nome do morto querido]". Às vezes, o moribundo pode optar por permanecer aqui ou ir embora, significando isso que nem toda "morte" tem data inadiável.

Meu tio me visitou em sonho para dizer que papai só viveria de três a dezoito meses, não mais. Faleceu três meses depois e nenhum de nós o acusou por nos ter "deixado". Seu velho corpo estava devastado pela doença. Para que continuar no mundo em semelhantes condições?

Mais tarde, papai apareceu a várias de nós (suas filhas) em sonhos a fim de explicar por que deixara o plano terreno. Talvez se sentisse culpado por partir tão "cedo"... Mas não precisava. Mostrou-nos que sofreria muito caso continuasse vivendo, mas, acima de tudo, revelou-nos que estava muito bem e muito saudável no corpo espiritual. Em suas visitas, papai corria, pulava e dançava! Todas nós compreendíamos que ele estivesse cansado em seu corpo físico. "Sua hora" chegara... E quem fica para trás deve se lembrar de que seus entes queridos são acolhidos no outro lado por pessoas que também os ama.

A festa de recepção no céu pode incluir as seguintes pessoas que partiram antes de nós:

- marido, esposa, namorado, namorada e amantes;
- pais;
- tios e tias;
- irmãos e irmãs;
- primos;
- amigos (mesmo aqueles em quem não pensamos há muito tempo);
- antigos colegas de escola;
- antigos colegas de trabalho;
- professores;
- anjos da guarda;
- guias espirituais;
- animais de estimação;
- seres de outras esferas ou planetas que estiveram trabalhando com você;
- membros de seu grupo de almas (espíritos com os quais você encarnou muitas vezes).

Pessoas que não queremos encontrar "no outro lado"

Seu "comitê de recepção" incluirá pessoas que tiveram contato com você em vida, pessoas a quem você ama e que querem acolhê-lo. Aquelas que o magoaram em vida (física ou mentalmente) *não* estarão no grupo. Quem teve vários parceiros íntimos não precisa se preocupar: ali não haverá brigas! Os parceiros sexuais exclusivos que tivemos aqui adotam um relacionamento muito diferente no céu, um relacionamento espiritual. De qualquer modo, esses numerosos parceiros são pessoas que viveram (em combinações diversas) em muitas existências.

Do ponto de vista de uma enfermeira...

Mais tarde, será possível encontrarmos (se essa for a nossa vontade) pessoas a quem prejudicamos ou que nos prejudicaram. Então, pediremos e aceitaremos desculpas ou explicações quanto aos motivos que nos levaram a agir daquela maneira. Somente depois de passar para o lado da luz é que vemos com clareza o que fizemos, dissemos e vivemos. Descobrimos também até que ponto ferimos nossos semelhantes em vida. Se você sofreu abuso sexual, por exemplo, o responsável não terá permissão dessa vez de se aproximar de você. É surpreendente como as pessoas se preocupam com isso. Lá, você estará protegido por seus guias e anjos.

Como vimos, esse comitê pode começar a se reunir horas, dias ou semanas antes da morte. Quando o moribundo perde e recupera a consciência, muitas vezes se lembra de ter visto seus visitantes celestes. É tranquilizador saber que isso acontece. Ele será bem cuidado no céu.

Já sabemos que nossos anjos e entes queridos mortos estão nos esperando no céu; agora, tentemos descobrir como eles, lá de onde estão, ajudam-nos de maneiras secretas e engenhosas...

Vozes de anjos

Tua voz é uma melodia celestial.

— Henry Wadsworth Longfellow

Um anjo já falou com você? Você já escutou uma voz suave fazendo-lhe alguma advertência? O que são as vozes dos anjos: um típico coro angélico ou uma voz real que sussurra em sua cabeça ou, literalmente, em seus ouvidos? Muitas pessoas têm uma experiência única quando estão "para baixo": ela acontece uma vez e nunca mais. A voz vem não se sabe de onde para alertar ou proteger você; e não raro apenas o tranquiliza ou incentiva, assegurando-lhe que tudo acabará bem.

A voz angélica pode lhe ser familiar – de um tio recentemente falecido ou de um amigo que se foi há anos. Talvez seu anjo seja o espírito de um ente querido que vem ajudá-lo quando a situação está difícil. Muitas pessoas captam a "voz" dentro de si mesmas, como um forte pensamento ou sentimento, mas compreendem sem problemas a mensagem, às vezes tão urgente que nunca deixam de obedecer a ela.

"Agência" de empregos angelicais!

Há alguns anos, meu marido corria o risco de perder o emprego. Estávamos perto do Natal e, com três filhos pequenos, aquela perspectiva era aterradora! Meu marido, na ânsia de se enganar, vivia repetindo: "Tudo dará certo, eles não vão me despedir... Precisam de mim". Já perto da data fatídica, de repente ele se deu conta de que a coisa era real e iria mesmo ficar desempregado. Estávamos apavorados com o que poderia acontecer em seguida, sem saber como pagaríamos as contas.

Certo dia, uma semana antes de ser dispensado, ele dirigia para o trabalho como sempre e procurava encarar a realidade que tinha pela frente. No final do expediente, entrou no carro a fim de voltar para casa e, naquele instante, sentiu uma mão pousar em seu ombro e uma voz lhe dizer: "Tudo dará certo"... Mas não havia ninguém no carro!

Quase ao fim do trajeto, a cinco minutos de casa, a voz se fez ouvir novamente. Dessa vez, mandou-o virar à direita, o que ele fez, para descobrir espantado que havia uma garagem de ônibus na ruela, de cuja existência nem suspeitava. Achando que aquele fosse o motivo da mensagem, entrou no prédio e disse ao pessoal que precisava de um emprego e tinha experiência naquela área. Meu marido não acreditou: estavam justamente precisando de um mecânico, ou seja, sua especialidade, e ali mesmo lhe ofereceram o emprego sem que ele precisasse apresentar currículo ou fazer entrevista.

Aturdido, ele mal podia esperar para chegar em casa e me contar tudo sobre aquele dia espantoso! Bem, ele ainda não está muito certo de que acredita em anjos – os homens não são engraçados, às vezes?

Collette, Inglaterra

A próxima voz ecoou bem a tempo de ajudar a mulher diante do altar. Que acontece quando você tem uma crise de pânico na igreja?

CASAMENTO MILAGROSO, BEBÊ MILAGROSO

Solteira aos 33 anos, eu sabia desde os 20 que não poderia ter filhos, pois um tumor na glândula pituitária interrompera minha ovulação. Após alguns anos de depressão, decidi retomar minha vida. Não pretendia me casar, pois era estéril, mas conheci meu marido e me apaixonei por ele. Seu nome é Walter. Foi amor à primeira vista e imediatamente eu soube que gostaria de ficar com aquele homem para sempre; porém, não me decidia. Por causa disso, brigamos muito durante o namoro, mas Walter sempre dizia que iríamos nos casar e ter filhos. Isso só me deixava mais inquieta porque todos os ginecologistas e endocrinologistas que cuidavam de mim havia dez anos afirmavam que seria impossível.

Para resumir, marcamos duas vezes a data do casamento e duas vezes eu a cancelei, pois, embora o amasse muito, ele era tudo o que eu não desejava em um homem: egoísta, materialista, agressivo...

Marcamos então a terceira data e tudo corria bem. Eu mal podia esperar que o nosso dia chegasse. Na véspera, tivemos a pior briga de todas. Minha mãe estava conosco aquela noite e tentei explicar-lhe que tomara a decisão errada, motivo pelo qual iria cancelar de novo a cerimônia. Ela disse apenas que eu estava nervosa e me aconselhou a não desistir.

Meu pai chegou de manhã e pensei que iria me ajudar; mas não, ele apenas comentou que eu precisava de uma bebida. Os maquiadores chegaram e eu chorava tanto que meu rosto ficou borrado. Quando o carro estacionou à porta para me levar à igreja, eu já não tinha maquiagem alguma, mas pelo menos estava com o vestido de noiva. Eu decidira que, assim que chegasse diante do altar, pediria ao padre para mandar todos embora. Ninguém estava disposto a me ajudar, nem mesmo minhas amigas: não acreditavam que eu não quisesse me casar.

Agora vem a parte estranha. Quando entrei, todos estavam sentados. O padre acenou para que me aproximasse, mas eu lhe acenei de volta, pedindo que viesse até mim. Essa gesticulação durou cerca de um minuto e então tudo ficou muito quieto, como acontece antes de uma tempestade. Uma luz dourada muito suave invadiu a igreja e uma voz calma, profunda, recomendou que eu não me preocupasse: se de fato não queria desposar Walter, ele faria que o padre atendesse ao meu chamado. Garantiu-me que sabia o que eu estava sentindo, mas acrescentou que Walter me amava muito.

Em seguida, a voz se prontificou a realizar um milagre para corroborar suas palavras, sugerindo que eu olhasse para o rosto do noivo, pois isso o faria se voltar em minha direção. Fitei-o, ele se virou... E seu rosto era o de Walter aos 8 anos de idade, exatamente como numa foto que eu vira em seu álbum.

A voz me pediu que parasse de chorar, pois eu era mais feliz que muita gente: conhecera Walter em sua pior fase, mas dali em diante ele só melhoraria. Naquele instante, senti que estava pronta para casar. Corri, achando que todos ali também tinham ouvido a voz, o que, porém, não acontecera. Casei-me (sem maquiagem). Somos muito felizes e assistimos a um pequeno milagre: uma filha, hoje com 17 anos.

De quem era aquela voz? De Deus? De um anjo? Não sei, mas acredito num ser superior e sou muito grata a ele.

Tanya, Austrália

Aqui vai outra experiência de Jeanie, que já nos contou seu acidente de motocicleta. O pai, depois de falecer, apareceu-lhe para dizer que continuava ao seu lado.

NÃO SE PREOCUPE... SEJA FELIZ

Tenho consciência de meu "dom" desde tenra idade. Minha mãe também tem o dom da premonição. Num dia frio de janeiro, pressenti que algo de ruim iria acontecer ao meu pai.

Já tarde da noite e com a temperatura caindo mais ainda, nossa vizinha Margaret bateu à porta, muito assustada. Saíra para passear com seu cachorro no bosque perto de nossa casa e algo assustara o animal, que escapara e se perdera. Meu pai não seria quem era se não dissesse: "Espere aqui. Vou dar umas voltas de carro para ver se o encontro". Passaram-se duas ou três horas, e nem sinal de papai. Senti o impulso irrefreável de procurá-lo. Eu tivera uma visão dele, gélido, no carro.

Margaret e eu decidimos sair para ver se achávamos os dois, papai e o cachorro (mamãe não podia ir a lugar nenhum porque meu irmão, muito novo, já estava na cama). Encontramos o carro com papai dentro: estava de fato extremamente gelado, com o rosto e os lábios arroxeados. Cobri-o imediatamente com o cobertor que havia no carro e murmurei-lhe que estava ali, juntinho dele. Então, aconteceu: vi seu espírito deixar o corpo, rodeado de luz, e soube na hora que ele acabara de morrer em meus braços. Quando o socorro chegou, os policiais me levaram para casa. Papai morrera de infarto fulminante. Aquilo foi terrível para nós. Noite avançada, eu estava na cama, ele me apareceu numa visão, pedindo que não me preocupasse e fosse forte. Sei que era ele, pois podia sentir sua presença.

Jeanie, Inglaterra

Os espíritos têm mesmo a impressionante capacidade de nos enviar sinais para mostrar que ainda fazem parte de nossas vidas. Em meus livros anteriores, fiz uma lista de vários meios a que eles recorrem para provar que continuam existindo: desde bolhas e formas que lembram velas até mensagens em placas de carro e cartazes. Os pássaros são o meu sinal favorito, principalmente os tordos, que estão sempre aparecendo. Eis algumas das histórias de tordos que conto em meus livros. Que acha desta?

UM BOM AMIGUINHO DE PENAS

Minha mãe, ou melhor, minha madrasta, morreu em maio deste ano. Lutava contra um câncer, mas partiu súbita e inesperadamente. Foi um golpe duro para todos da família. Ainda sofro, assim como o resto dos parentes, mas tive de me esforçar para sentir isso porque criei, eu própria, uma barreira, achando que não tinha tanto direito de ficar triste quanto os outros, principalmente seus filhos biológicos.

Procurei esquecer meu sofrimento e recomecei a trabalhar. Durante as duas últimas semanas de agosto, estava de férias na França e li dois de seus livros, que achei fascinantes. Neles, aprendi que, se pedirmos um sinal aos anjos, eles nos atenderão. Pedi um e, ainda, que minha mãe me comunicasse se estava bem, caso se achasse por perto. No dia seguinte, quando nos preparávamos para comer, um tordo pousou na varanda e ficou me olhando pelo que me pareceram séculos. Depois, acomodou-se na mesa durante alguns instantes, voou para o terraço e só então se foi.

Contei o caso à minha família, dizendo que a meu ver aquele era o sinal pedido, mas ninguém acreditou. Propus então chamar o tordo de volta, como prova. No dia seguinte, regressando da praia, vimos o pássaro pousado na varanda, como se esperasse por nós. Tomei aquilo como confirmação. O tordo permaneceu ali por algum tempo e em seguida voou para longe. Talvez fosse coincidência, mas para mim foi um sinal. Quem esperaria ver um tordo em pleno verão francês? E ele só apareceu as duas vezes que o chamei. Fiquei mais tranquila, sabendo que mamãe está bem e perto de mim.

Nicky, Inglaterra

Símbolos de pássaros são reconfortantes e nada ameaçadores (a menos que você tenha medo deles, é claro!). Eles em geral não se aproximam muito, mas, em algumas histórias de visitação que alguns me mandam, aves selvagens chegam a pousar nas mãos das pessoas e entrar em suas casas. Às vezes, pássaros de jardim aparecem na estação "errada" do ano, o que só agrava o mistério. E, por falar em mistério, eis uma curta história de uma amiga do Facebook.

Jacky Newcomb

Coincidência?

Achei que talvez você gostaria de ouvir a minha historinha. Recebi, no Facebook, a mensagem de uma mulher chamada Lisa Mitchell aceitando meu convite de amizade... Só que, naquele dia, eu não mandara mensagem alguma a Lisa Mitchell. O fato curioso é que a neta de meu parceiro falecera a 13 de janeiro de 2010, com apenas três meses – e se chamava Lisa Mitchell.

Trisha

Dizendo adeus

Quando você é muito íntimo de uma pessoa, às vezes consegue captar o sinal enviado por seu espírito de que ela faleceu. Isso pode ocorrer sob a forma de uma sensação, de uma pista visual ou mesmo do próprio morto se manifestando para informar que se foi.

Há alguns anos, meu falecido tio me comunicou que sua afilhada morrera e lhe fora fazer companhia no céu. Na ocasião, a pobre mulher estava em coma depois de um acidente e, portanto, fisicamente ainda viva. A família alimentava grandes esperanças de que sobrevivesse, mas anos depois seu corpo material sucumbiu também e ela se foi, sem jamais recobrar a consciência. O corpo precisa do espírito para viver e, conforme observou meu tio, o espírito já estava do outro lado fazendo-lhe companhia.

A próxima história é, realmente, muito triste. Quando o menino se foi, a mãe percebeu na hora que ele a abandonara, embora seu corpo físico parecesse continuar vivo. Incluí a história toda porque você verá, pela última conversa da mãe, que todos os indícios do falecimento do filho estiveram presentes... O espírito do menino sabia que estava deixando a Terra?

Adeus, mamãe

Quando me casei pela primeira vez, eu era uma garota bobinha, pois acreditava muito nas pessoas. Vinha do interior e, aos 18 anos, estava casada e residindo na cidade. Gostava do campo e sempre quisera morar ali.

Meu marido era um rapaz que conduzia trens, e meus pais o odiavam. Olhando para trás, já mais velha, entendi por que aquele casamento estava condenado ao fracasso. Sou uma pessoa forte, como meu pai. Ele controlava minha vida quando eu era criança e "ai de mim" se eu não obedecesse às suas ordens. Mais tarde, compreendi que estava tentando escapar a esse controle e usei a primeira "rota de fuga" que vi pela frente... "Casei-me"!

Meu marido não valia nada; gostaria de ter dado ouvidos aos meus pais – infelizmente, todos nós somos sábios quando já é tarde para isso. Dezoito meses após o casamento, nasceu meu primeiro filho, um menino a quem demos o nome de Andrew. E, passados mais dezessete meses, foi a vez de seu irmãozinho, Brian. Eu estava muito feliz com as crianças, pois tudo o que eu desejara era ser uma boa esposa e uma boa mãe.

No casamento, porém, continuava infeliz. Meu marido era grosseiro e desonesto, mas, como meus pais me haviam "esquecido" por tê-lo desposado, eu não sabia para onde ir. Não tinha escapatória.

Após cinco anos e meio, porém, fui embora com meus filhos. Não queria que crescessem naquele ambiente e achassem que o comportamento do pai era normal. Meu patrão me ofereceu o quarto de hóspedes em sua casa e ali me instalei com os meninos, que estavam então com 4 e 2 anos, amontoando-nos todos naquele espaço exíguo com os poucos móveis que tínhamos. Meu patrão ficava fora quase o tempo todo, de modo que, em sua ausência, passei a zelar por seus dois filhos, limpar a casa, cozinhar e cuidar do jardim. Era um arranjo que convinha a nós dois.

Às vezes, quando eu estava ocupada com os trabalhos da casa ou cozinhando, meus filhos iam brincar no quintal, cujo portão de dois metros de altura ficava sempre trancado. Mas então o pai estacionava diante da entrada, os meninos saltavam o portão, corriam para ele e entravam no carro. Eu nunca sabia aonde os levava e, por isso, tinha de ligar para meu patrão e pedir que me trouxesse seu carro, para poder procurá-los. De vez em quando, ele próprio saía comigo, para me ajudar na busca. Problema de difícil solução!

Após seis meses nessa situação aflitiva e absurda (para não falar de outras atrocidades que meu ex cometia), meu patrão chegou um dia do trabalho e avisou que mudaríamos de casa. Respirei aliviada, imaginando que iríamos para um lugar onde não seria tão fácil para meu ex aparecer e sumir com meus filhos. Meu patrão revelou que deixara o emprego e nos mudaríamos para uma casa a quatrocentos quilômetros de distância. Fiquei espantada e propus ir embora com meus filhos, para ele continuar ali mesmo e não precisar deixar o emprego; mas respondeu que se afeiçoara muito a nós três, que estávamos nos dando muito bem e que deveríamos constituir família.

Após dois anos juntos, tivemos nosso próprio filho. Agora, eram cinco... Todos meninos. Quando tive meu quinto filho, sofri de depressão pós-parto por dezoito meses. Isso, de fato, abalou muito nosso relacionamento, mas não tanto quanto o estresse de ter de alimentar cinco crianças com pouco dinheiro. Um dia, não aguentando mais, levei-os para a casa de mamãe (meu pai já havia falecido, e ela voltara às boas comigo depois que deixei meu primeiro marido). Eu precisava de algumas semanas de descanso. Lá, mamãe e meu companheiro arquitetaram um modo de ficarmos juntos de novo. Funcionou. Ele voltou ao antigo emprego na fábrica e fomos de novo morar na antiga cidade, onde mais tarde construímos uma casa. Meu ex-marido passara por dois casamentos e estava um pouco mais amigável, de modo que o deixei ver as crianças quando quisesse.

Logo, Andrew já estava em idade de frequentar o ensino fundamental II (tinha 11 anos) e, como a escola ficava a quatro quilômetros

Vozes de anjos

de nossa casa e a apenas trezentos metros da de seu pai, concordamos que o menino ficasse com ele durante a semana. Deu certo, mas eu sentia muita saudade de meu garoto. Era duro não vê-lo todos os dias, como estava acostumada.

Num fim de semana, Andrew voltara para casa e brincava com os outros meninos, como sempre. Era um dia normal sob todos os aspectos, mas no domingo à tarde, quando o pai veio buscá-lo, o garoto parou na porta da sala, olhou para mim e disse: "Adeus, mamãe. Eu te amo". Achei aquilo um pouco estranho, pois o que ele me dizia comumente era "Tchau, mamãe, te amo". Respondi: "Você quer dizer... Tchau, não é?". Mas ele insistiu: "Não, mamãe, quero dizer adeus". Abraçou-me fortemente, entrou no carro do pai e se foi.

Andrew sempre fora um menino muito espiritualizado, mas as outras crianças não o compreendiam. Insistira em frequentar a escola dominical para aprender tudo o que pudesse sobre Jesus e só o que nos havia pedido fora uma Bíblia e a autorização para ser batizado, duas coisas com que nós nunca nos havíamos preocupado muito.

Duas noites depois, recebi um chamado da polícia perguntando se eu tinha um filho chamado Andrew. Fiquei alarmada e me informaram: "Seu filho se envolveu num grave acidente. Foi atropelado por um furgão e está no hospital, mas é só o que sabemos".

Entrei em choque. Meu companheiro ligou para a vizinha da frente pedindo-lhe que cuidasse de nossos outros filhos e corremos ao hospital, que ficava a mais ou menos quarenta minutos dali. Meses antes, houvera um forte terremoto na área que destruíra a passagem central da ponte sobre o rio Whakatane e o ministério de Obras Públicas instalara uma pista provisória no local, com sinalização de trânsito em cada extremidade. Quando chegamos à ponte, vimos carros da polícia com as luzes piscando e uma longa fila de veículos parados. Pensei que tivesse havido outro acidente e que levaríamos horas para sair dali. Então um policial se aproximou de nosso carro e perguntou-me quem eu era. Ao ouvir meu nome, imediatamente enviou uma mensagem de rádio e começou a fazer sinais com a mão. Não tínhamos a menor ideia do que estava acontecendo. O guarda voltou dizendo que havia divulgado a descrição de nosso carro e meu nome, acrescentando que segurara o tráfego para nós passarmos!

Subitamente, pressenti que a vida de meu filho devia estar por um fio e a situação toda me pareceu terrivelmente assustadora. Passamos na frente de todos aqueles veículos, que formavam uma fila de mais de quinhentos metros.

Chegando ao hospital, fomos levados à UTI e depois para um pequeno compartimento ao lado. Logo apareceram o pai de Andrew e sua esposa. Tínhamos chegado às sete da noite, e os médicos nos informaram de que no momento não poderíamos ver o menino. Os ferimentos eram muito graves e eles estavam tendo dificuldade em estabilizar o paciente. Apresentava machucados na cabeça, e o furgão passara por cima de seu peito, de modo que havia também lesões internas, das quais, naquele instante, os médicos não sabiam a extensão. Foram momentos de extrema inquietude e tensão, quando somente o que queríamos era ver nosso garoto. A equipe se mostrou maravilhosa, trazendo-nos chá a toda hora. E a toda hora perguntávamos se já podíamos ver Andrew.

Após uma espera de duas horas, os médicos voltaram e disseram que iríamos vê-lo dentro de trinta minutos. Ficamos esperançosos; mas os trinta minutos se passaram e, às dez horas, perguntamos por que não nos permitiam entrar. Responderam que ainda não haviam estabilizado o paciente e que, tão logo isso acontecesse, eles nos chamariam. A expectativa era angustiante.

Finalmente, uns dez minutos depois, estando nós ainda sentados ali, senti de súbito uma calma e uma resignação maravilhosas e soube que Andrew já não era mais o nosso menino: seu espírito deixara o corpo. Continuei sentada, olhando para a parede, e as outras três pessoas no recinto pensaram que eu estivesse fora de mim. Às 10h30, permitiram que víssemos Andrew; e, embora as máquinas fossem tudo o que o mantinha vivo, seu pequeno corpo parecia quase normal. Envolvia-o um emaranhado de fios e tubos, mas sua cabeça estava enfaixada, e um dos lados de seu rosto era uma massa horrível de carne viva. Ainda conservava as marcas dos pneus no peito. Permanecemos a seu lado a noite inteira, mas eu sabia que ele "não estava mais ali". De manhã, o chefe da equipe médica entrou e disse que o cérebro de Andrew fora gravemente afetado, e o trauma na cabeça era de grandes proporções, assim como as lesões internas: não havia como ele sobreviver. Eu, porém, já estava pronta para essas notícias, pois sabia que Andrew se fora na noite anterior.

    O médico, hesitante, perguntou se consentiríamos em doar seus rins. Agora já sabíamos que ele ia morrer e concordei na hora. O pai de Andrew ficou um tanto surpreendido com minha resposta e quis saber o motivo dela. Andrew e eu havíamos assistido a um documentário sobre transplantes poucas semanas antes. Quando um garotinho australiano estava morrendo e precisando de um transplante de medula, o único doador disponível era sua irmãzinha ainda bebê. Andrew então me perguntou: "Mamãe, que órgãos podem ser transplantados?". Conversamos sobre o assunto, e ele me confidenciou: "Espero que, se um dia eu precisar de um transplante, alguém seja suficientemente solidário para me doar um rim, mesmo eu sabendo que seu filho morreu". O documentário e essa conversa comovente haviam mesmo afetado Andrew, por isso eu sabia que aquela era a coisa certa a fazer.

    Embora meu filho não fosse o receptor da doação, era isso sem dúvida o que ele teria desejado. Sou muito grata aos médicos habilidosos por saberem usar aquilo de que meu filhinho já não precisava e darem a duas outras crianças uma vida melhor.

O dia seguinte ao da morte de Andrew era o do décimo aniversário de Brian. Tivemos uma morte, um aniversário e um funeral no curto prazo de cinco dias. Meu último presente ao meu filho foi batizá-lo no hospital. Lamentei não ter feito isso quando ele estava vivo, mas sei, do fundo do coração, que ele foi para onde devia ir e que uma Bíblia agora não lhe serviria de nada, como de alguma forma devia ter sabido. Seria por isso que Andrew veio à Terra? Não sei; mas, estranhamente, meu relacionamento terminou e fiquei de novo sozinha com duas crianças.

Susanne, Austrália

Uma história muito triste... Não estou bem certa de que Susanne se sentiria reconfortada caso soubesse antecipadamente que, de algum modo, o espírito de Andrew já sabia que chegara sua hora. A morte de um filho é a pior tragédia que pode nos acontecer, mas a certeza de que essa perda salvou a vida de mais duas crianças foi um legado maravilhoso.

Susanne sentiu a mesma coisa quando seu irmão passou para o lado espiritual. Como com Andrew, ela soube imediatamente que a alma dele estava deixando o corpo. Eis a história em suas próprias palavras:

Sentindo o espírito

Outro episódio mais recente em minha vida ocorreu em janeiro de 2009, mas devo recuar um pouco no tempo para colocar a história na devida perspectiva.

Tenho três irmãos e dois contraíram o mesmo tipo de câncer, o linfoma não Hodgkin, mais ou menos na mesma época. O do meio, Fred, de 55 anos, sempre fora um entusiasta da alimentação saudável e, tão logo soube do diagnóstico, decidiu se tratar por meios naturais, adotando uma dieta especial. O mais novo, Laurie, de 51, dispôs-se a fazer quimioterapia.

Vozes de anjos

Um e outro trataram seu problema do modo como quiseram, mas Laurie foi ficando cada vez pior, enquanto Fred melhorava a olhos vistos. Ambos moram na Nova Zelândia, e eu, na Austrália. Não somos uma família muito unida, de modo que não nos vemos com frequência nem mantemos contato estreito.

Moro num hotel com mais 24 pessoas, e temos uma área social que chamamos de Melrose. Sempre que há algo a celebrar, como um aniversário ou um feriado nacional, nós nos reunimos lá e fazemos uma festinha. No Dia da Austrália, em 2009, estávamos todos comemorando a data à noite quando, poucos minutos depois das nove horas, senti uma estranha calma me dominando e parei imediatamente de falar. A pessoa com quem eu conversava me perguntou o motivo daquilo e expliquei-lhe: "Alguma coisa está errada...".

Pelos dez minutos seguintes, senti-me intensamente perturbada e não conseguia me acalmar, por isso pedi desculpas e voltei para meus aposentos. Liguei o computador, e meu noivo, que mora na Indonésia, estava *on-line*; começamos a conversar e eu lhe disse que algo não ia bem, embora não soubesse exatamente o quê. Ele é um homem muito sensível e comentou apenas: "Espere e logo saberá".

Cerca de cinco minutos depois, apareceu na tela uma mensagem de meu irmão mais novo Laurie (era cerca de 0h25 na Nova Zelândia, mas 21h25 na Austrália). Pensei: "Que coisa estranha, um homem tão doente *on-line* a esta hora da noite!" Ele nunca fazia isso muito tarde. Abri a mensagem: era de sua namorada. Dizia que, minutos depois da meia-noite, horário da Nova Zelândia, Laurie falecera. Exatamente a hora em que eu o sentira partir.

Agora está em paz, já sem as dores lancinantes provocadas pela quimioterapia (meu outro irmão, Fred, está livre do câncer há três anos).

Irmãos e irmãs, pais e filhos, amantes... Os laços são sempre fortes, e o espírito parece mais atento do que podemos imaginar. Outra história muito triste; mas a ligação entre os irmãos era obviamente mais íntima do que Susanne pensava!

Acho que vocês gostariam de ler também sobre o final feliz de sua história. Eis o que ela me contou:

Felizes por muitos e muitos anos

Tenho uma grande amiga na Nova Zelândia, Jo, que é médium. Foi minha vizinha quando morei lá. Certa vez, comunicou-me que meu ex e eu não ficaríamos juntos de novo (nós nos separamos definitivamente dois meses depois). E acrescentou algo que não levei muito a sério na ocasião: "Você ficará sozinha por seis ou sete anos. E quando tiver aprendido as lições que precisa aprender, um homem entrará em sua vida, mas não do tipo que você esperaria. Ele virá de outra cultura e a tratará com a delicadeza e o afeto que você merece. Será alguém como você nunca poderia imaginar, e os dois ficarão juntos a vida inteira".

Cheguei a rir, pois não acreditei nela. Lembrei-lhe de que eu tivera três casamentos fracassados e que os homens não constavam mais de minha lista de desejos: eu não estava interessada. Mas você adivinhou, Jacky, ela tinha razão. Continuei sozinha, embora conhecesse alguns homens durante esse tempo, nenhum dos quais me impressionou nem um pouco. Então, um dia depois do Natal de 2008, recebi pela internet uma mensagem de um indonésio. Ele tinha o sorriso mais bonito que eu jamais vira. Eu não conseguia tirar os olhos daquele sorriso, que verdadeiramente me arrebatou. Começamos a conversar e pensei: "Hum, que sorte ter um novo amigo tão bacana!". Parecíamos combinar em tudo.

Continuamos a conversar e a trocar mensagens *on-line*, mas eu o considerava apenas mais um amigo. Sem dúvida, dali a um mês ele desapareceria e iria cuidar de sua vida, pois a realidade era que morávamos em países diferentes e, por sermos muito pobres, jamais poderíamos nos encontrar. Mas meu amigo não desistiu de me contatar, de modo que minha atitude foi mudando e passei a me interessar cada vez mais por ele. Tivemos algumas conversas fascinantes e aprendemos muito sobre a cultura um do outro. Então, em fevereiro, quando já batíamos papos mais longos que nunca, recebi a oferta de um emprego temporário para cuidar de uma família de líbios que só permaneceriam no país por dois meses. Trabalhei duro nesse emprego, horas e horas, sete dias por semana. No fim da temporada, quiseram passar os últimos dias na Nova Zelândia e todos voamos para lá.

Quando suas férias terminaram, voltaram para a Líbia, e eu fiquei na Nova Zelândia por mais dois dias, para ver minha família. Em seguida, regressei à Austrália. Ao ligar de novo o computador, apareceram várias mensagens muito bonitas de meu amigo, dizendo que sentira minha falta enquanto estive ausente. Eu ganhara um bom dinheiro no último emprego e podia ir a Bali para umas férias, das quais, aliás, estava precisando bastante.

Meu amigo marcou suas férias anuais de modo que pudesse ir a Bali também. Ao desembarcar no aeroporto internacional de Dempasar, ele estava à minha espera, debaixo do sol quente. Esperara por nada menos que duas horas. Tão logo o avistei, senti uma proximidade imediata com ele e antevi um futuro juntos para nós. Até então, porém, jamais pensara nisso. Achei aquilo mágica pura... Mágica angélica! Passamos uma semana percorrendo Bali de motocicleta. Foram as melhores férias de minha vida. Ao fim da semana, ele me propôs casamento, e eu aceitei. Nós nos conhecíamos há apenas seis meses.

Ele é o melhor homem de alma e coração que já encontrei. Trata-me com carinho, gentileza, atenção e o máximo respeito, coisas que eu nunca recebera de nenhum parceiro. Desde então, visitei várias vezes sua cidade, Jacarta, para conhecer sua família e seus melhores amigos. Quero voltar de novo, logo, mas por enquanto estou trabalhando junto ao serviço de imigração a fim de trazê-lo para cá e vivermos juntos. Acho que o universo planejou tudo isso – e nunca duvido do universo.

Eu me esquecera completamente das palavras de Jo até que um dia, em casa, ao vasculhar uns livros, encontrei-as: eu as tinha escrito num caderno anos antes. Você sabe: ela acertou.

Acredito em anjos: não tenho dúvidas de que me ajudaram e orientaram durante todo esse tempo.

Susanne, Austrália

Mal posso crer que já estamos no fim do livro! Há tantas outras histórias que eu gostaria de partilhar com você... Mas, antes de nos despedirmos, quero lhe comunicar uma pequena experiência muito especial. A mulher era ainda criança quando viu seu anjo e mesmo assim nunca esqueceu o fato – que eu também não esquecerei, estou certa.

Chupando balas!

Certa vez, quando tinha uns 6 anos, eu brincava em nosso quintal com uma amiga. Chupávamos balas e, ao abrir a boca para lhe dizer alguma coisa, a bala escorregou por minha garganta abaixo. Fiquei aterrada e, pior ainda, vendo-me sufocar, minha amiga, que tinha apenas 4 anos, saiu correndo e me deixou sozinha.

Lembro-me de que entrei em pânico por não conseguir respirar e pensei: "Não vou aguentar isto por muito tempo". Mal desejara com todas as forças que aquilo acabasse e vi-me recuperada, perfeitamente calma e perguntando-me o que acontecera.

Ao olhar em volta, minha atenção foi atraída por um estranho círculo verde que aparecera na cerca de nosso velho jardim. Parecia girar, e fiquei fascinada por aquele redemoinho de luz, que foi aumentando e aumentando até se transformar num vasto campo verde. Então, ao fundo, apareceram umas crianças que caminharam lentamente ao meu encontro.

Vozes de anjos

No centro do grupo, destacava-se uma figura masculina vestida com um manto branco, mas eu atentei mais para uma garota muito bonita que se aproximou trazendo no rosto o mais encantador dos sorrisos. Ao chegar mais perto, estendeu-me a mão, mas eu, muito tímida, recuei. Em seguida, observei bem as outras crianças, para descobrir se eram igualmente amistosas. Concluí que sim e estendi também a minha mão para ela; nesse instante, porém, o homem de branco disse alguma coisa à garota. Ela não se virou, mas inclinou a cabeça em minha direção, sorriu de novo e apontou para alguma coisa à minha direita.

Voltando-me, vi mamãe sair correndo pela porta dos fundos. Senti um profundo desapontamento quando a garota se foi e, ao olhar de novo para o redemoinho de luz, o campo verde começara a encolher. As crianças me acenavam adeus e eu chorei, querendo que ficassem. Mas era tarde e, tão logo desapareceram, vi-me nos braços de mamãe. Minha amiga não fugira, fora buscar mamãe, que ao chegar me viu estirada no chão, já com uma cor azulada no rosto.

Barbara, Inglaterra

Barbara teve uma experiência de quase morte e viu seu anjo da guarda naquele dia. A multidão de crianças viera para acompanhá-la ao outro lado da vida. Não é engraçado Barbara ter ficado desapontada por viver em vez de morrer? Isso prova que a morte é menos assustadora que a vida.

A vida, neste nosso belo planeta, pode ser muito curta. Procure se cuidar ao máximo. Muitos dos acidentes descritos neste livro poderiam ter sido evitados (embora isso não se aplique a chupar balas!), portanto trate de se manter são e salvo. Pedirei a seu anjo da guarda que vele por você.

Não importa onde esteja ou o que faça, fique certo de uma coisa: seu anjo da guarda o protege sempre. Não se sinta triste por estar sozinho... Porque sozinho você nunca está. Seu anjo o ama extremamente e permanece o tempo todo ao seu lado. Não se esqueça de lhe pedir um sinal de que está por perto... Talvez ele lhe mande uma macia pena branca, como aconteceu a muitas pessoas neste livro. Boa sorte, amigos.

Sobre a autora

Jacky Newcomb, a "Dama dos Anjos", recebeu vários prêmios, é autora *best-seller* e colunista do *Sunday Times*, além de principal autoridade, no Reino Unido, em Comunicação Espontânea com o Além.

Jacky é a especialista dos especialistas, sendo regularmente entrevistada na imprensa, no rádio e na televisão do país. Tem aparecido em programas como *This Morning* e *LK Today* (The Lorraine Kelly Show).

Jacky já foi editora de duas revistas especializadas em paranormalidade e espiritualidade. Hoje, escreve regularmente sobre anjos na revista *Fate & Fortune* e em muitos outros periódicos. Também costuma entrevistar celebridades sobre suas experiências psíquicas e místicas.

Dá palestras e seminários por todo o país, tendo trabalhado com muita gente famosa.

É convidada frequente em programas de rádio locais e nacionais. A mídia nacional, inclusive o *Daily Mail*, o *Daily Mirror* e o *Daily Express*, entrevistam-na regularmente.

Curada por um anjo é seu décimo segundo livro.

Você pode encontrar Jacky no Twitter e no Facebook ou escrever para:
Jacky Newcomb, The Angel Lady
c/o Hay House Publishers
292 Kensal Road
London W 10 5BE
www.angellady.co.uk

Comentários

"… adoro os livros de Jacky!" – Melissa Porter, apresentadora de TV

"Os livros de Jacky me inspiraram de várias maneiras. Aos meus olhos, ela é e sempre será um anjo." – Barrie John, *Psychic Medium* da TV

"Os livros de Jacky Newcomb a tornaram um nome muitíssimo respeitado no campo dos estudos sobre anjos e comunicação com o além. Seu trabalho é leitura obrigatória para quem pretende aprender mais a respeito desse tema fascinante…" – Uri Geller

"Sempre tive mente aberta para a vida após a vida… se você não é assim, leia os livros de Jacky Newcomb… e se é, aproveite-os!" – Suzi Quatro, musicista/cantora/compositora, atriz, escritora, apresentadora de rádio e TV

"Toda vez que, em meu trabalho, encontro pessoas interessadas em anjos, recomendo-lhes Jacky Newcomb: ela é a fonte de todo o conhecimento 'angélico'. Sei que seus livros têm ajudado muita gente." – Tony Stockwell, *Psychic Medium* da TV e autor de *best-sellers*

"Se você deseja saber tudo sobre anjos, os livros de Jacky Newcomb são um ótimo começo. Sempre me fazem sorrir com suas histórias reais, inspiradoras e edificantes de encontros angélicos. Ela pesquisou o assunto anos a fio e sabe o que diz. É verdadeiramente uma apaixonada pelos anjos!" – Katy Evans, editora da revista *Soul & Spirit*

"Jacky escreve sobre anjos em artigos e livros inspiracionais com sinceridade, elevação espiritual e lucidez…" – *Woman's Weekly*

Comentários

"... Jacky Newcomb firmou sua reputação como uma das maiores especialistas do país em experiências paranormais..." – Revista *Staffordshire Life*

"Não importam quais sejam suas crenças, você não precisa se impedir de acreditar em algo além da certeza da morte. Pessoalmente, sinto-me emocionada com várias histórias do livro de Jacky, além de tranquilizada e acalmada pelas mensagens que ela divulga do além! O livro, tanto quanto a própria autora, é acessível e amistoso." – Marion Davies, diretora-gerente da revista *SimplyHealth247*

"Para começar, esqueça todas as noções sobre véus, bolas de cristal, fantasmagorias e representações semelhantes. Ao contrário das errôneas concepções populares, Jacky Newcomb, uma senhora muito afável, não usa túnicas nem asas e, conforme ela mesma admite, leva o que considera uma vida muito 'comum'..." – Revista *Exclusive*

"... Jacky Newcomb tem contribuído para salvar muitas vidas. Jovens e velhos, homens e mulheres, negros e brancos: Jacky ajudou decisivamente milhares de pessoas no mundo inteiro a entender e a abordar questões relativas ao além." – Revista *Our Time*

"Jacky Newcomb é a Dama dos Anjos. Oferece esperança e encantamento àqueles que querem contatar os anjos, e consolo e resignação àqueles que sofrem uma perda. Seus livros são divertidos, repletos de histórias incríveis de encontros reais com anjos."
– Tania Ahsan, editora de *Kindred Spirit*

"Você sabe que pode confiar em Jacky... Ela nos inspira."
– Mary Bryce, editora da revista *Chat – It's Fate*

"Jacky não se limita a escrever sobre anjos e outros assuntos esotéricos: ela lhes dá vida de uma maneira mágica, memorável."
– Sue Ricketts, editora da revista *Fate and Fortune*

"... Jacky é uma mulher fascinante... e muito realista... uma Embaixadora dos Anjos..." – Jacquie Turner, PS-Magazine.com

"Jacky Newcomb, a Dama dos Anjos – a maior especialista mundial em todos os assuntos paranormais, divulga seu conhecimento num estilo excitante, inspirador, fácil. É uma enviada amistosa e amável dos anjos que previu, há dois anos e meio, que meu livro seria publicado e teria sucesso... estava certa. Que sua luz inspire você, como me inspirou" – Joylina Goodings, renomada consultora espiritual da imprensa e da TV, professora e autora de *Your Angel Journey*

"... Jacky é a principal autora sobre anjos do Reino Unido..." nho– Spiritual ConneXtions

"Jacky, este mundo é um lugar melhor porque você está nele. Obrigada de coração... você é um anjo" – Barbara Meiklejohn-Free, "The Highland Seer", autora de *Awakening your inner seer*

"Muitas pessoas têm experiências paranormais. Jacky Newcomb explica o fenômeno de uma maneira cativante e fácil" – Jordan McAuley, ContactAnyCelebrity.com

"O vasto conhecimento de Jacky Newcomb é generosamente partilhado com o leitor como gotas de ouro líquido..." – Jenny Smedley, apresentadora de TV e autora de *Pets have souls too* e *Soul angels*

"Jacky Newcomb é uma pessoa simpática e espetacular... excepcionalmente inspiradora e talentosa... Sua fagulha acende até o mais cético dos corações. Um momento em sua companhia faz você se sentir na presença de alguém muito especial" – Laura Wells, editora de *The Psychic Voice*

Este livro foi impresso pela Prol Editora Gráfica
para a Rai Editora Ltda.